나의 가치를 높이는
우아한 대화법

나의 가치를 높이는 # 우아한
대화법

김지윤 지음

똑똑하고
매력 있게

상대를 사로잡는
말하기 스킬

책그루숲

가급적 하루의 마무리를 운동으로 하고자 합니다. 아나운서 출신 말하기 강사의 가장 중요한 루틴 중 하나가 '운동'이라고 하면 의아한 생각이 드시나요? 다른 사람들 앞에서 말을 하는 것은 꽤 많은 체력을 요하는 일입니다. 이루고 싶은 것이 있다면 체력을 먼저 기르라는 조언은 그래서 말하기에도 적용됩니다. 물론 체력이 전부라고 할 수는 없지만 체력을 기르는 것은 말하기에도 분명 도움이 된답니다.

하루는 필라테스를 하는 날이었어요. 리포머Reformer라는 기구에 다리를 걸고 들어 올리기를 10회 반복해야 하는데, 5회만에 힘이 쭉 빠져 더 이상 다리가 올라가지 않았어요. 마침

그날따라 이유 없이 기분이 가라앉아 있었는데, 운동까지 마음대로 안 되니 선생님께 투정을 늘어놓게 되더군요.

"선생님, 저는 정말 몸에 근육이라고는 하나도 없는 것 같아요. 이거 하면 정말 좋아질까요?"

저는 체력이 약한 편이라 새로운 운동을 시작할 때마다 이런 투정을 하곤 했어요. 헬스 트레이닝을 받을 때도, 요가를 배울 때도 그랬죠. 특별한 답을 기대하지는 않았지만, 더 나아지고 싶다는 열망은 가득한데 그렇지 못한 현실에 대한 투정이었달까요. 그런데 그날 제가 들었던 대답은 아직도 기억에 또렷이 남아 있답니다.

"그럼요, 시간이 걸릴 뿐이에요. 지금 잘하고 계세요. 제가 끝까지 도와드릴게요."

'제가 끝까지 도와드릴게요!'

저는 이 말에 큰 위로를 받았어요. 평범하다면 평범한, 어찌 보면 전형적인 강사의 멘트라고 생각할 수 있겠지만 저에게는 참 '우아한 한마디'라는 생각이 들었어요. 운동치인 저를 포기하지 않고 끝까지 도와주겠다는 담백함과 강사로서 자신의 전문성에 대한 자부심이 느껴지는 한마디였습니다. 무엇보다 운동 초보로서 무언가를 추가적으로 더 노력해야 하는 것은 아닌지 고민하던 저로서는 지금 잘하고 있으며, 자신이 끝까지 도와주겠다는 말에서 사려 깊음을 느꼈답니다. 그 한 마디에 제 마음이 참 가벼워졌던 기억이 납니다.

이 책을 통해 나누고 싶은 '우아한 말하기'도 바로 이런 것입니다. '상대방을 있는 그대로 인정하고, 나아가 상대방의 마음을 따뜻하게 어루만져 주는 말하기'가 지금 우리에게 꼭 필요하지 않을까요? '우아한 말하기'는 상대방의 의견을 일방적으로 수용하고 자신이 진짜 하고 싶은 말을 억누르는 것이 아니라, 오히려 자신이 진정으로 건네고 싶은 '진짜 할 말'을 찾는 것에서 시작됩니다.

지난 4년간 1,500명이 넘는 수강생들이 말하기를 배우고 연습하기 위해 찾아 준 덕분에 정말 다양한 직업을 경험할 수 있었어요. 이 귀중한 경험을 통해 제가 깨달은 것은 성별·나이·직업과 상관없이 '우아한 말하기'에는 3가지 요소가 있다는 것입니다.

우아한 말하기의 시작은 앞서 말했듯이 '자기 자신을 사랑하는 것'입니다. 자기 자신을 사랑하고 자신의 내면에 있는 '진짜 하고 싶은 말'을 찾는 것이 우선입니다. 자신이 진짜 하고 싶은 말이 무엇인지도 모른 채 이야기를 시작하면 횡설수설

나의 가치를 높이는 우아한 대화법

하게 되는 것은 너무나 당연합니다.

　두 번째로, 자신이 하고자 하는 진짜 할 말을 '담백하게 말하는 것'입니다. '담백하다'는 욕심 없고 마음이 깨끗하다는 뜻도 있지만, 느끼하지 않고 산뜻하다는 뜻도 있습니다. 단어의 뜻 그대로 자신이 말하고자 하는 것을 지나치게 과장하거나 화려한 미사여구를 붙이지 않고, 있는 그대로 담백하게 표현하는 것입니다.

　마지막으로, 듣는 사람의 마음과 상황, 언어를 고려하는 '사려 깊음'이 우아한 말하기를 완성합니다. 말하기의 끝에는 항상 사람이 있습니다. 우리가 하는 말은 늘 누군가에게 가닿습니다. 같은 말이라도 받아들이는 사람마다 해석이 다를 수 있습니다. 그렇기에 우리는 늘 상대방을 배려하며 말을 건네야 합니다. 이렇게 우아하게 말할 때 비로소 우리의 말은 상대방의 마음 깊숙한 곳까지 전달됩니다.

　자신의 '진짜 할 말'을 찾아 담백하게 상대방을 배려하며 말하는 것은 결코 쉽지 않습니다. 말하기는 저절로 되는 것이 아니기에 꼼꼼하고 체계적으로 배우고, 무엇보다 충분히 연습해야 합니다. 이 책을 통해 우아한 말하기를 소개하고, 또 여러분이 우아하게 말할 수 있도록 끝까지 도와드리려고 합니다.

우선 왜 우아하게 말해야 하는지, 그리고 어떻게 하면 우아하게 말할 수 있는지 알려 드릴 거예요. 우아한 말하기에 대해 충분히 알아보고 난 뒤에는 그 대척점이라고 할 수 있는 '아무 말 대잔치'에 대해서도 살펴보려고 해요. 우리는 왜 의도치 않게 아무 말 대잔치를 벌이게 되는지 알아본 다음에 우아한 말하기 실전편이 이어집니다. 그동안 수많은 수강생들이 털어놓은 고민을 바탕으로 '우아한 말하기 5원칙'을 정리했습니다.

'제가 끝까지 도와드릴게요.'

이제는 제가 이 말을 여러분께 전하고 싶습니다. 당연한 이야기이지만 우아한 말하기를 배우는 데는 상당한 시간이 걸립니다. 머리로 이해하는 것을 넘어 마음가짐의 변화, 몸의 변화, 습관의 변화가 필요하기 때문입니다.

마음 한쪽에 부담감이 있으신가요? 괜찮습니다. 다시 한번 말씀드리지만 제가 끝까지 도와드릴게요. 걱정하지 마세요. 자신의 내면에는 분명 나만의 '할 말'이 있고, 그것을 '담백하고' '사려 깊게' 전달할 수 있습니다. 분명 그렇게 할 수 있습니다.

김지윤

나의 가치를 높이는 우아한 대화법

(차례)

프롤로그   4

인정받고 싶다면
말의 품격을 더해 보세요

01 상대방이 말할 수 있는 공간을 내주세요   18

02 상대와 나 사이에 따뜻함을 불어넣어 보세요   23

03 당신은 '할 말'을 가지고 있나요?   28

04 정말 화가 날 때는 어떤 말을 하나요?   33

05 아무 말 대잔치에서 벗어나세요   39

06 상대가 듣고 싶어 하는 방식으로 말하세요   45

Part 2 우아한 말하기
5원칙

1장 | 무조건, 긍정의 언어로 시작하세요

01 먼저 환경을 긍정적으로 바꿔 보세요   56

02 상대의 말을 있는 그대로 들어 주세요   62

03 상대의 칭찬을 수용해 주세요   67

04 긍정하다 보면 긍정이 생겨요   72

05 상대의 존재를 인정하세요   77

2장 | 상황과 사람을 분리하세요

01 균형 잡힌 시각을 가져 보세요   84

02 상황에 맞는 주제에 집중해 보세요   90

03 어떤 순간이라도 신뢰를 잊지 마세요   95

04 상황에 맞게 공간을 분리해 보세요   101

3장 | 명확하게, 정중하게, 자연스럽게 표현하세요

01 명확하고 간결하게 말하세요   106

02 불확실한 의심을 확실한 안심으로 바꿔 주세요   112

03 번호를 붙이며 말해 보세요   117

04 구체적으로 말하세요   122

05 상대방의 호칭을 불러 주세요   126

4장 | 행동과 실천으로 마무리하세요

01 말과 행동을 일치시키세요   132

02 신뢰가 쌓일수록 더 좋은 대화가 이어져요   139

03 말하기 전에 잠깐만 참아 보세요   144

5장 | 비언어로 환대하세요

01 상대를 온몸으로 맞아 주세요   151

02 듣기 좋은 목소리를 연습하세요   157

03 밝은 표정으로 이야기하세요   165

04 말에 날개를 달아 주는 옷차림을 챙기세요   171

Part
3

한결 더
매력적으로 말하는 방법

1장 ┃ 충분히 긴장하고, 티 내지 않기

01 말하기의 시작은 불안감을 없애는 거예요   181

02 말하기 불안의 원인을 먼저 찾아보세요   187

03 말하기 불안을 만드는 4가지 요인   195

04 들숨에 용기를, 날숨에 안정을 기억하세요   206

05 생각의 꼬리를 싹둑 자르세요   211

2장 ┃ 나에게 맞는 전달법 연습하기

01 나만의 스피치 정의를 만들어 보세요   220

02 스피치에 대한 오해에서 벗어나세요   226

03 MODE 스피치 연습법   233

04 생각에 구조와 논리를 달아 보세요   239

05 스피치는 연습만이 답이에요   248

에필로그   때 묻지 않은 순수한 아이들 같은 한마디   255

부록 1	우아한 말하기의 7가지 키워드	260
부록 2	논리적 말하기 템플릿 - 기초편	261
부록 3	논리적 말하기 템플릿 - 기본편	267
부록 4	끌리는 사람들의 대화 템플릿	271
부록 5	청중을 사로잡는 발표 템플릿	275

Part 1

인정받고 싶다면
말의 품격을 더해 보세요

Part 1은 우아한 말하기의 토대를 닦는 과정입니다. 말하기를 배우려는 많은 분들은 어떻게 하면 유창하게 말을 잘할지, 'How'부터 고민합니다. 충분히 그럴 수 있습니다. 그런데 우아하게 말하기 위해서는 말하기 방법 이전에 준비해야 할 것들이 있습니다.

우선 상대방과 나 사이의 공간, 그리고 그 공간을 채우는 따뜻한 온기가 있어야 합니다. 우아한 말하기가 들어설 자리를 만드는 것이죠. 공간이 확보되었다면, 그다음은 내가 진짜 '하고 싶은 말'을 찾아야 합니다. 우아한 말하기의 재료는 내가 진짜 '하고 싶은 말' 그리고 그 말이 들어설 공간과 따뜻함입니다.

우아한 말하기의 토대이자 재료를 준비하는 과정에서 우리가 놓치기 쉬운 '전혀 우아하지 못한 말하기'도 한번 살펴보면 어떨까요? 어떤 말하기가 우아하지 못한 말하기인지 한번 짚고 넘어가는 것만으로도 말하기에 우아함을 더할 수 있습니다.

거친 비속어는 우아하지 못한 말하기의 전형입니다. 욕설과 비속어가 가득한 말하기는 반드시 피해야 합니다. 비속어가 아님에도 불구하고 말하기가 우아하지 못할 수 있습니다.

아무 말이나 내뱉는 것입니다. 한마디로 '아무 말 대잔치'가 그렇습니다. 상대방이 듣고 싶어 하는 말일지라도 상대방이 듣기 싫어 하는 말투와 톤으로 말하는 것 역시 우아하지 못한, 어떻게 보면 폭력적이기까지 한 말하기입니다.

Part 1에서는 우아한 말하기의 토대를 닦으며 우아하지 못한 말하기에서 벗어나는 방법을 살펴볼 거예요. 자, 우아한 말하기의 첫걸음을 시작해 볼까요?

상대방이 말할 수 있는
공간을 내주세요

대학생 때 리더십 캠프에 참가한 적이 있습니다. 왜 캠프에 갔었는지, 누구랑 갔었는지, 거기에서 어떤 이야기가 오고 갔는지는 잘 기억나지 않지만 지금까지 확실하게 기억에 남는 장면이 하나 있습니다.

일종의 소통 교육이었던 것 같은데요. 옆에 있는 사람과 짝을 지어 자기소개를 하는 시간이었습니다. 3분 동안 한 사람이 자기소개를 하는데, 그동안 짝이 된 다른 사람은 한마디도 하지 말라고 했어요. 가벼운 맞장구나 추임새 등 어떤 반응도 하지 말고, 다음 3가지만 하라고 주의를 주었습니다.

'귀를 열고 진심으로 들어줄 것'

'상대와 눈을 맞출 것'

'하고 싶은 말이 있으면 그냥 고개만 끄덕여 줄 것'

진심으로 들으며, 눈을 맞추고, 고개를 끄덕여 주세요

스피치에서 눈 맞춤eye-contact이 중요하다는 말은 자주 들었기에 그날도 눈 맞춤의 중요성을 일깨워 주려는가 싶었어요. 상대방의 말에 귀 기울이며 눈을 맞추고 고개를 끄덕여 주라고 하니, 딱 전형적인 눈 맞춤 연습이라고 생각했죠. 조금은 어색하겠지만 3분 동안 눈을 맞추는 정도는 크게 어렵지 않을 것 같았어요.

내가 먼저 듣는 역할이었어요. 그날 처음 본 친구가 천천히 자기소개를 했어요. 이름은 무엇이고, 캠프에는 왜 오게 되었고, 어떤 가수를 좋아하고, 전공은 무엇이고…. 눈을 맞추며 친구의 말을 듣고 있는데 강사님이 다시 한 번 말했어요.

"맞장구치고 싶은 말이 있더라도 꼭 참고 고개만 끄덕여 주세요."

3분이라는 시간이 이렇게 길었나 싶으면서도, 내 안에 이렇게 하고 싶은 말이 많았나 하는 생각이 들었습니다. 형식적으로 하는 말일지언정 '맞아' '나도 그래' '진짜?' '아, 그렇구나'와 같은 말들이 나도 모르게 입 밖으로 튀어나올 것 같았죠. 그래도 3분 동안 어떻게든 꾹 참고 친구의 말에 집중했습니다.

그다음에는 내가 자기소개를 하고, 그 친구가 들어줄 차례가 되었습니다. 그 친구도 내가 그랬던 것처럼 어떤 말을 해도 그저 눈을 맞추고 고개를 끄덕여 주었어요.

굉장히 특별한 경험이었어요. 단순히 내 눈을 바라봐 주어서가 아니었습니다. '아, 정말?' '진짜?' '나도!'와 같은 추임새를 하나도 듣지 못했는데도, 내 마음이 자연스럽게 열려 이런저런 이야기를 꺼내는 것이 너무 신기했습니다. 나 스스로도 놀랄 정도로 내 이야기를 술술 꺼내고 있었어요. 그리고 내 이야기를 누군가가 온전히 몰입해서 들어주는 순간은 이루 말할 수 없는 따뜻한 경험이었습니다. 나중에 알게 되었는데, 이런 것을 '온전한 수용'이라고 하더군요.

우리에게는 이야기를 펼칠 수 있는 공간이 필요해요

우리는 대화를 하면서 나도 모르게 습관적으로 추임새를 넣고 맞장구를 치곤 합니다. 때로는 의식적으로 적극적인 반응을 보이기도 하죠. '내가 이만큼 당신의 말에 집중하고 있어요!'라는 메시지를 표현하려고요. 그런데 가끔은 어떤 반응을 하기보다 먼저 '공간'을 내주는 것은 어떨까요? 상대방이 자연스럽게 자기 이야기를 꺼낼 수 있는 공간 말이에요. 적절한 추임새와 호응, 맞장구도 좋지만, 종종 기계적이고 습관적인 반응이 될 때가 있습니다. 가끔은 이런 반응을 일부러 참아 보면 어떨까 합니다. 오롯이 상대방만을 위한 공간을 내주었을 때 상대방과 거리가 더 가까워질 테니까요.

언젠가 TV 방송에서 '가장 고마운 사람은 기다려 주는 사람이었다'는 내용을 본 적이 있습니다. 그저 나를 믿고 묵묵히 기다려 주는 것이야말로 나에게 냉철하고 합리적인 조언을 해주는 것보다 더 큰 힘이 되었다고 합니다. 이처럼 기다림의 미학은 대화에서도 그대로 적용됩니다. 나와 상대의 말이 자리 잡고 피어오를 공간을 내주고, 충분히 기다려 주는 것이죠.

우아하게 말하는 법을 이야기하면서 아무런 맞장구를 치지 말고 기다려 주라니, 일견 이해가 되지 않을 겁니다. 하지만 우리의 대화에는 공간이 필요합니다. 그런 공간이 있을 때 우리는 비로소 마음속 깊은 곳의 이야기를 꺼내 보일 수 있습니다. 당신은 기꺼이 그 공간을 내주시겠습니까?

우아한 말하기는
기다려 주는 자세에서 시작됩니다.
눈을 맞추며 상대방의 말에 귀 기울이고,
일단은 고개를 끄덕여 주세요.
습관적인 반응을 잠시 멈추고
상대방이 오롯이 자기 이야기를 할 수 있는
공간을 내주세요.

상대와 나 사이에
따뜻함을 불어넣어 보세요

옛날 옛적 해님과 바람이 티격태격 말다툼을 하고 있었어요. 해님은 자신의 따뜻함에, 바람은 자신의 날카로움에 자부심을 가지고 있었죠. 서로 자기가 힘이 더 세다고 자랑하다가 말다툼으로 번졌고, 결국 내기를 하게 되었습니다. 마침 천천히 길을 걷고 있던 나그네 하나가 눈에 띄었어요. 나그네의 옷을 먼저 벗기는 쪽이 이기는 걸로 승부를 가리기로 했습니다.

먼저 바람이 나섰어요. 있는 힘껏 강력하고 매서운 바람을 일으켰죠. 나그네는 옷 속으로 파고드는 칼바람을 견디려고 몸을 웅크리면서 두 손으로 옷자락을 꼭 부여잡았습니다. 그 모습을 보고 바람은 더욱더 거센 바람을 일으켰지만, 나그네는 그럴수록 옷깃을 더 꽉 움켜쥘 뿐이었습니다. 결국 바람이 먼저 지쳐버리고 말았죠.

이번에는 해님이 나서서 따사롭고 온화한 햇볕을 내리쬐기 시작했습니다. 매서운 바람에 옷을 단단히 여미고 있던 나그네는 서서히 온기를 느끼기 시작했죠. 햇볕은 점점 더 뜨거워졌고, 나그네의 이마에는 어느새 땀방울이 맺혔습니다. 해님이 계속 햇볕을 내리쬐자 결국 나그네는 외투를 벗어 던지고 말았습니다. 결과는 해님의 승리였습니다.

이 이야기는 이솝 우화 〈해님과 바람〉인데, 짧고 단순한 이야기이지만 여러 가지 시사점을 던져줍니다. 사람들과 대화에서도 날카로운 말투와 냉정한 태도보다 따뜻하고 온화한 말과 태도가 상대를 움직인다는 것입니다.

따뜻한 말은 전염성을 가지고 나에게 돌아와요

텍사스주립대학교 심리학과 연구진들이 연구한 바에 따르면 사람은 하루에 평균적으로 1만 6,000개의 단어를 사용한다고 합니다. 1만 6,000개라는 숫자가 얼마만큼인지 쉽게 감이 오지

않을 텐데, 한 사람이 1년 동안 뱉는 말들을 모으면 대략 250쪽
짜리 책 165권을 만들 수 있다고 합니다. 1년이 365일이니 어
림잡아도 우리는 2~3일에 책 한 권 분량의 말을 한다고 할 수
있겠네요. 1분 1초가 바쁜 요즘 3일에 책 한 권을 읽기도 어려
운데, 3일 동안 책 한 권 분량의 말을 한다니 새삼 놀랍습니다.
우리가 그렇게 말을 많이 하고 있었나 싶기도 하네요.

하루에 1만 6,000개의 단어를 말하면서 우리는 서로에게
얼마나 따뜻했을까요? 오늘 내가 뱉은 말들 대부분이 누군가
를 설득하고 납득시키려 하는 날카로운 바람 같은 말은 아니
었을까요?

아리스토텔레스의 수사학을 시작으로 말을 잘하는 방법에
대한 고민은 몇천 년이 지났지만 아직도 현재진행형입니다.
챗GPT로 대표되는 생성형 AI가 대거 등장해 우리의 삶을 바
꾸고 있지만 말하기의 중요성은 더욱더 커지고 있습니다. 인
공지능은 사람만이 건넬 수 있는 따뜻한 말의 온도를 주지는
못하거든요. 아무리 말하기의 기술적인 방법론이 있다 하더
라도 따뜻함이 배어 있지 않은 말은 사람의 마음을 움직일 수
없습니다.

그것이 담고 있는 내용이 얼마나 논리적이고 명확하든 간
에 날카로운 바람 같은 말은 사람의 마음에 가닿지 못하고 공

중으로 흩어지거나 때로는 상대의 가슴에 깊은 상처를 남기게 됩니다. 반대로 따뜻한 온기를 지닌 말은 상대에게 힘을 주고 확대 재생산되지요. 오늘 뱉을 1만 6,000개 단어의 온도를 조금만 올려보는 건 어떨까요? 내가 던지는 따뜻한 말 한마디가 누군가에게는 큰 힘이 되고, 그 따뜻함은 머지않아 나에게로 돌아올 겁니다.

상대와 나 사이의 공간에
따뜻함을 불어넣어 보세요.
이성적이고 날카롭고 차가운 말은
우리의 공간 속에서 오래 지나지 않아 사라지지만,
따뜻함을 머금은 말은
긍정적인 전염성을 갖고 확대 재생산됩니다.

당신은 '할 말'을
가지고 있나요?

우아하게 말하기 위해서는 우선 서로의 말이 편히 오갈 수 있는 공간을 만들어 주고, 그다음으로 그 공간에 온기를 불어넣는 것이 중요하다고 말했습니다. 이것들은 일종의 준비 단계이지요. 우아한 말하기의 본격적인 시작은 '할 말'을 찾는 겁니다. 필요한 몇 마디만 던지는 것에서 나아가, 서로 주거니 받거니 대화를 나누려면 '하고 싶은 말'이 있어야겠지요.

혼잣말에서 '할 말'을 찾아보세요

구소련 출신의 인지심리학자 레프 비고츠키는 어린아이들의 인지능력에 많은 관심을 갖고 있었습니다. 정확히는 어린아이들이 왜 혼잣말을 많이 하는지에 주목했죠. 그에 따르면 어린아이들은 혼잣말을 통해 인지능력을 발달시킨다고 해요. 어려운 문제가 주어졌을 때, 스스로에게 지시를 내리며 문제를 해결해 나가는 과정에서 인지능력이 계발된다는 겁니다. 그렇게 시간이 흘러 대략 10세가 넘어가면 뇌의 언어회로가 충분히 발달하기 때문에 굳이 혼잣말을 할 필요가 없다고 합니다. 그런 이유로 성인이 될수록 혼잣말이 줄어드는 것이죠. 이것을 일컬어 내적 언어inner speech라고 합니다.

저도 이런 경험이 있었어요. 어느 기업으로부터 강의를 의뢰받았는데, 일정도 매우 촉박하고 평소에 강의하던 주제가 아니어서 이것저것 준비할 내용들이 많았죠. 다른 일정까지 겹친 상황에서 하루 종일 강의 자료와 PPT를 만들었는데도 진도가 나가지 않았어요. 답답한 마음에 나도 모르게 소리 내어 중얼거렸습니다. "자, 이제 다음 장에는 어떤 내용을 넣어야 하지? 지금까지 이런 내용을 말했으니, 그러면 이제는…." 그러자 저절로 그다음 할 말이 생각났습니다.

그래도 어떤 주제에 대해 '생각'이 있어야 할 말이 생기는 것 아니냐고 질문하는 분들도 있어요. 생각이 말보다 우선한다는 관점이죠. 오랜 경험에 빗대어 보면 말하기 재료로서의 '생각'은 '말 그 자체'인 경우가 대다수입니다. 조금 어렵게 들리시나요? 우리는 보통 생각과 말을 별개의 것으로 이야기하는 경우가 있습니다. 구체적인 언어로 표현할 수 없는, 소위 말하는 '느낌적인 느낌'을 생각이라고 여길 때가 있지요. 하지만 말하기를 할 때 필요한 생각은 무조건 '언어의 체계'를 갖추어야 합니다. 우리 머릿속에 맴돌고 있는 생각 중 어떤 것은 바로 언어화가 되고, 어떤 것은 막상 말로 내뱉으려고 하면 잘 안 되는 것이 있습니다. 여기서 전자는 말하기 재료가 되지만, 후자는 말하기 재료로는 부족합니다.

나 자신과 대화를 나눠 보세요

정말 '할 말이 없다'고 말하는 분들께 해주고 싶은 조언은 먼저 속으로 말해 보고, 그래도 안 되면 입 밖으로 소리 내어 말해 보라는 것입니다. 쉽게 말해 자기와 대화를 하는 것이지요. 자신과의 대화를 시작하는 첫걸음은 역시나 자신에게 말을 거는 것입니다. 속으로 말해도 좋고, 벽을 보면서 말해도 좋습니다.

　내가 계속 말할 거리를 누군가 끌어내 주면 할 말이 훨씬 빨리 생겨나기도 합니다. 할 말이 없다고 고민을 털어놓는 수강생에게 이런저런 질문을 던졌더니 계속 대화를 이어 나가더군요.

　자기와의 대화, 자기 자신에 대해 알아가는 일이 점점 중요해지는 시대입니다. 자신의 취향과 욕망, 자신이 진정으로 하고 싶은 일이 무엇인지 아는 것은 두말할 필요 없이 중요하지요. 저는 자기와의 대화가 중요한 이유에 한 가지를 덧붙이고 싶습니다. 자신과 대화를 하면 '할 말'이 생겨납니다. 자신의 의견이 생기고, 다른 사람에게 하고 싶은 이야기가 생겨나지요.

　도통 할 말이 없더라도 일단 입을 열어서 말을 뱉어 보세요. 자연스럽게 할 말이 생겨날 거예요. 물론 가장 좋은 것은 평소에 할 말을 많이 만들어 두는 것입니다. 평소에 자기 자신과 대화를 많이 하라는 뜻이겠죠. 여러분 내면에는 아직 발견하지 못한 말들이 가득하답니다. 시간 날 때마다 나의 내면에는 어떤 말들이 잠들어 있는지 찾아보세요. 그것이 진정한 자기와의 대화입니다.

'할 말'이 없다면,
우선 자기 자신과 대화를 나눠 보세요.
할 말은 말하는 과정에서 생겨납니다.
자기 자신과의 대화를 통해
내가 다른 사람들에게
어떤 이야기를 하고 싶은지 알 수 있어요.
평소에 일기를 쓰는 것도 좋고,
블로그 등에 하고 싶은 말을 써보는 것도
큰 도움이 됩니다.

정말 화가 날 때는
어떤 말을 하나요?

몇 해 전 부산에 있는 수녀회에서 즉석 토론회가 열렸다고 합니다. 주제는 '화가 나서 감정을 주체하지 못할 때 어떤 말을 해야 할까?'였습니다. 늘 고운 말을 쓰는 수녀님들이지만 살다 보면 이런저런 일로 화가 날 때가 있기 마련이겠죠? 그럴 때 어떤 말을 하면 좋을까 논의하는 자리였나 봅니다. 후보로 등장했던 여러 표현 중 치열한 경쟁을 뚫고 으뜸으로 뽑힌 말은 바로 '보통 일이 아니에요!'였다고 합니다. 이 이야기를 듣고 나서 한동안 친구와 대화를 할 때 '보통 일이 아니야!'라는 표현을 자주 쓰기도 했습니다.

비속어를 사용하면 호감도가 확 떨어져요

가끔 살다 보면 험한 말이 튀어나오기도 합니다. 하필 우산을 가지고 오지 않았는데 비가 쏟아지는 것과 같이, 삶이 뜻대로 풀리지 않을 때 나도 모르게 험한 말을 내뱉을 때가 있습니다. 이른바 욕설과 비속어들이지요. 문화체육관광부와 국립국어원은 5년마다 대한민국 국민의 언어 의식을 조사해서 발표합니다. 국어와 관련된 정책에 대한 관심, 언어 사용, 언어 교육 문제 등에 대한 인식을 집중적으로 연구하기 위한 것이죠. 2020년 전국 만 20~69세 성인 남녀 5,000명을 대상으로 조사한 결과에 따르면 응답자의 약 47%가 욕설을, 48%가 비속어를 사용한다고 답했습니다.

욕설과 비속어를 사용하는 가장 큰 이유는 '기분이 나쁠 때 그것을 표현하기 위해서'였고, 두 번째로는 '습관적으로'라고 합니다. 기분이 나쁘다고 욕을 하는 것은 별로 좋은 버릇이 아니지만 심리학적으로는 일리가 있다고 합니다. 영국의 심리학자 리처드 스티븐스 박사는 고통에 반응하기 위한 도구로서 '욕설'을 연구했습니다. 그의 연구에 따르면 고통스러운 순간에 욕설을 내뱉으면 훨씬 더 오랫동안 고통을 견딜 수 있고, 무엇보다 고통이 적게 느껴진다고 합니다. 그렇다면 무조건 욕설을 내뱉는 게 좋은 걸까요? 그렇지 않아요. 평소에 욕설을 자주 하면 정작 고통을 겪었을 때 욕설의 효과가 크게 떨어지기 때문입니다.

어떻게 보면 너무나 당연한 연구 결과인 것 같습니다. 욕설과 비속어는 전혀 우아하지 않은 말이지요. 너무나 고통스럽고 힘든 순간에 나도 모르게 튀어나온 욕설이 고통을 줄여 주는 것은 좋지만, 습관적으로 욕설을 내뱉는 것은 당연히 지양해야 할 습관입니다. 이 시대 최고의 연예인 유재석은 욕설을 극도로 싫어하는 것으로 잘 알려져 있어요. 욕을 직접 하는 것도, 듣는 것도 무척 싫어한다고 합니다. 언젠가 방송에서 그는 "나오는 대로 다 말하지 마라. 체로 거르듯 곱게 말해도 불량품이 나오기 마련이다"라는 멋진 말도 남겼지요.

가장 우아하지 못한 말하기는 당연히 욕설과 비속어가 난무하는 것입니다. 말은 사람의 인격을 반영합니다. 아무리 근사한 외모와 또렷한 목소리에 논리적인 내용이 갖춰졌다 하더라도 욕설이나 비속어를 쓰면 호감이 뚝 떨어집니다.

긍정적인 말로 품격을 올려 보세요

한편 욕설이 섞여도 호감도가 떨어지지 않는 경우도 있습니다. 대중 강연, 스탠드업 코미디 같은 상황일 텐데요. 상황을 재미있고 위트 있게 표현하기 위해 정확한 맥락에서 '과하지 않은' 욕설 하나 정도 섞으면 웃음을 자아냅니다. 어떤 차이일까요? '욕을 하는 것'과 '욕설을 언급하는 것'의 차이입니다. 상대를 향해 욕을 하는 것은 불쾌감을 유발하지만, 특정한 상대를 겨냥하지 않고 표현을 강조하기 위한 적절한 욕설은 재미를 유발합니다. 그렇다고 해서 욕설을 언급하는 것이 늘 웃음을 자아내지는 않겠지요.

언어의 품격은 곧 사람의 품격입니다. 말은 겉으로 드러나지 않는 내면을 보여주는 일종의 창문입니다. 욕설과 비속어는 창문 위에 쌓인 먼지와 같아요. 욕설과 비속어를 쓰는 사람의 내면이 아름다울 리 없습니다. 욕설과 비속어를 내뱉는 습관이 오래되면 우리의 내면은 점점 더 일그러지게 됩니다. 한 연구 결과에 따르면, 욕을 자주 내뱉으면 행동도 그에 따라 공격적으로 변한다고 합니다. 뇌에 강력한 자극을 줌으로써 언어능력은 떨어지고 공격적이고 폭력적인 행동이 강화된다는 것입니다. 말은 의식을 반영합니다. 습관적으로 비속어를 쓰다 보면 자기도 모르게 거친 말투와 공격적인 행동이 늘어나 결국 내면과 외면 모두 아름다움을 잃게 되죠.

반드시 필요한 상황이 아니라면 욕설과 비속어를 쓰고 싶은 순간에 긍정적인 말로 바꿔 보는 것은 어떨까요? 우리의 아름다운 내면이 잘 드러나도록 말이에요. 앞에서 말한 '보통 일이 아니에요!'라는 표현은 사실 '긍정적 과장 기법'이라고 할 수 있습니다. 화가 나는 순간에 욕설을 하기보다 긍정적인 표현으로 과장하는 것이지요. "이러면 진짜진짜 곤란해!" "거참, 엄청나게 새롭고 신선하게 나를 지치게 하네!"와 같은 것들이지요.

나도 모르게 튀어나올 것 같은 험한 말을 긍정적으로 순화할 수 있다면, 우아하게 말할 수 있습니다. 언품言品은 곧 인품, 긍정적으로 순화된 말은 우리의 품격을 높여 줍니다. 말 한마디로 인품을 끌어올릴 수 있다니 정말 보통 일이 아니지요.

●

대중 강연, 스탠드업 코미디 등에서
재미와 위트를 위해 비속어를 사용하고자 한다면,
1) 특정 대상을 겨냥하지 않고
2) 청중과 상황, 맥락에 맞게
3) 비속어를 '언급'만 해주세요.

욕설과 비속어는
거친 말투와 공격적인 행동을 낳는,
우아한 말하기의 가장 큰 적입니다.
기왕이면 긍정적으로 순화해 보세요.
말 한마디로 품격을 높일 수 있습니다.

아무 말 대잔치에서
벗어나세요

여기 즐거운 여행을 떠나는 세 남자가 있습니다. 한 친구는 운전을 하고, 다른 친구 둘은 조수석과 뒷좌석에 각각 앉아 있습니다. 뒷좌석에 앉아 있던 친구가 심심했는지, 조수석에 있는 친구에게 말을 붙입니다. "너 책 읽는 거 좋아하지? 네 인생에서 베스트 3로 꼽을 만한 책 있어?" 조수석에 앉은 친구는 자못 신중하게 생각하고 대답합니다. "《칼의 노래》!" 운전하던 친구가 말을 받습니다. "카레노래?" 그러자 뒷좌석에 앉아 있던 친구가 진지하게 대답합니다. "카레가 노랗지, 그럼." 운전하던 친구가 다시 외칩니다. "카레가 노랗다는 거야, 뭐야?"

'칼의 노래, 카레노래? 카레가 노랗지!'

몇 년 전 한 예능 프로그램에서 봤던 장면인데, 당시 한참을 웃었던 기억이 납니다. 지금도 종종 수업시간에 소통과 말하기에 대해 설명할 때 인용하곤 합니다.

이렇게 상대의 말을 제대로 못 알아들어서 웃음이 터져 나오는 상황을 종종 마주합니다. 이런 현상을 일컬어 '몬더그린 mondegreen'이라고 하는데, 발음이 이어지는 연음 현상 때문에 이미 알고 있는 다른 단어로 오해하는 것을 말합니다. 이런 몬더그린 현상을 예능 프로에서 보면 박장대소가 터지지만, 현실에서 이런 일이 반복된다면 마냥 웃을 수만은 없을 겁니다. 말이 안 통한다고 느낄 테니까요. 그리고 이런 몬더그린이 계속되면 '아무 말 대잔치'가 열렸다고 말합니다.

요즘 들어 '아무 말 대잔치'라는 말을 부쩍 자주 듣고, 또 사용하게 됩니다. 친구들을 만나 실없는 농담을 주고받기도 하고, 하루 종일 정신없이 바쁘게 일하다 보면 진짜 잘못 알아듣기도 하지요. 어떤 종류의 아무 말 대잔치이든 듣는 사람의 반응은 동일합니다.

"도대체 무슨 말을 하는 거지?"

"뭘 말하고 싶은 걸까?"

"아…, 무슨 말인지 모르겠다…."

물론 아무 말 대잔치가 이따금 웃음과 재미를 줄 수도 있지만, 계속된다면 원활하게 소통하기가 쉽지 않습니다. 웃음과 재미도 좋지만 우리가 진정으로 원하는 소통은 서로 간에 의미 있는 대화를 나누며 연결감을 느끼는 것이니까요. 어떻게 하면 아무 말 대잔치에서 벗어나 우아하게 의미 있는 대화를 이어 갈 수 있을까요?

아무 말 대잔치가 열리는 3가지 이유

소통과 말하기의 관점에서 '아무 말 대잔치'를 살펴보면 크게 3가지 이유가 있습니다.

첫 번째는 역시 '몬더그린'처럼 발음을 잘못 알아듣고 상황에 맞지 않는 엉뚱한 대답이 이어지는 경우입니다.

두 번째는 너무 긴장한 나머지 말 그대로 아무 말이나 하는 상황입니다. 머릿속이 하애져 어떤 말을 해야 할지 몰라 자기도 모르게 의도하지 않은 말을 내뱉는 경우이지요.

세 번째는 대화의 맥락에서 벗어난 이야기를 마구 쏟아 낼 때입니다. 하나하나 서로 연결되지 않고 각기 따로 노는 듯한 이야기가 이어지는 겁니다.

말을 잘못 알아들은 경우는 말 그대로 실수이니 크게 신경 쓸 일은 아닙니다. 때로는 주변 사람들에게 큰 웃음을 선물하게 되니, 어찌 보면 유쾌한 실수라고 할 수 있지요.

반면 너무 긴장한 나머지 아무 말이나 하게 된다면, 긴장을 완화하는 호흡 훈련이 도움됩니다. 우리의 몸과 마음은 연결되어 있어서 뭔가 불안할 때 의식적으로 호흡하면 마음이 안정되는 효과가 있답니다.

마지막으로 대화의 맥락에서 벗어난 이야기를 쏟아내는 상황은 사실 말하기의 중요한 본질과 맞닿아 있습니다. 역시나 '내가 정말로 하고 싶은 말이 있느냐는 것'입니다. 아무 말 대잔치가 열리는 가장 큰 이유는 '할 말이 없어서'입니다. 내가 진짜 하고 싶은 말을 있는 그대로 이야기한다면 어떤 말이든 아무 말 대잔치로 흘러가지는 않습니다. 오히려 매우 의미 있는 대화가 되지요. 말을 하기 위해서는 '할 말'이 있어야 한다는 단순한 진리를 저도 늘 새롭게 되새기고 있습니다.

정말 하고 싶은 말을 찾아보세요

말하기를 가르치는 일을 시작했을 때, 제 강의에 찾아온 수강생들과 처음 만나는 순간의 적막함이 참을 수 없을 정도로 어색하게 느껴져 수업시간 전에 일부러 말을 붙였습니다. 이른바 빈 오디오를 채우기 위해 이런저런 말들을 이어갔는데, 대체로 말수가 적은 수강생들이었기에 혼자 계속 떠드는 상황이 되었죠. 말 그대로 아무 말 대잔치였습니다.

그런데 수업을 시작하자 신기한 일이 벌어졌습니다. 살짝 걱정되는 마음을 안고 강의를 시작했는데, 얼마 안 되어 어색함이 눈에 띄게 줄어드는 것이었습니다. 강의를 마치고 곰곰이 생각해 보니, 의미 없이 아무 말이나 늘어놓는 것보다 내가 정말 '하고 싶었던' 말, '해야 하는' 말에 집중하는 과정에서 자연스럽게 의미 있는 대화로 이어졌다는 사실을 깨닫게 되었습니다.

많은 사람들이 어떻게 하면 더 멋있게 말할지, 더 아름답게 표현할지를 고민합니다. 그렇지만 그보다 우선하는 것이 있습니다. '할 말이 무엇인가?' '정말 하고 싶은 말이 있는가?' 하는 것입니다. '하고 싶은 말'이 있다면 담백하게 있는 그대로 전달하면 됩니다. 유려하고 아름다운 표현은 그다음이에요. 당신의 마음속에 담아 둔 '할 말'을 있는 그대로 꺼내 보세요. 그 자체로 의미 있는 대화가 시작될 것입니다.

아무 말 대잔치가 열리는 3가지 이유
1) 상대의 말을 잘못 알아들어서
2) 너무 긴장해서
3) '할 말'이 없어서

어떠한 이유에서든,
'정말 하고 싶은 말'만 있다면
아무 말 대잔치를 끝낼 수 있습니다.
빈 오디오를 채우려고 애쓰지 마세요.
그저 진짜 하고 싶은 말을 차분하게 건네세요.
하고 싶은 말이 없을 땐
상황에 맞게 '해야 하는 말'에만 집중해 보세요.
그걸로 충분합니다.

상대가 듣고 싶어 하는
방식으로 말하세요

저는 말의 힘을 믿습니다. 말로 자신감을 세우고, 삶을 변화시킬 수 있다고 믿습니다. 말이 가진 힘을 누구보다 잘 알고 있기 때문에 말로써 사람을 세우겠다는 소망을 담아 말하기를 가르치고 있습니다.

그동안 변호사, 국회의원, 강사, 대학생, 직장인 등 정말 다양한 분야의 사람들을 만나 봤는데, 직업과 성별, 나이를 막론하고 말에 대한 고민은 크게 2가지로 나뉘었습니다. 먼저 '할 말이 없어요' '무슨 말을 해야 할지 모르겠어요'에 해당하는 '콘텐츠'what에 대한 고민입니다. 그다음은 '어떻게 말해야 할지 모르겠어요' '내 생각이나 감정을 표현하기가 너무 어려워요' '말을 하려면 너무 떨리고 무서워요'와 같은 '표현'_{how}에 대한 고민입니다. 구체적인 통계를 내보지는 않았지만 아무래도 두 번째 '어떻게 말해야 하는가'에 대한 고민이 더 많은 것 같아요.

하고 싶은 말을 잘 표현하는 방법

'할 말을 잘 표현하는 방법'에 대해서는 참으로 많은 연구와 방법, 노하우가 있습니다. 구체적으로 파고들어 가면 말투, 목소리, 발음, 발성, 어조 등 정말 많은 영역이 있죠. 이것은 그만큼 공부하고 연습해야 할 것이 많다는 의미이기도 합니다. '어떻게 말해야 하는가'에 대한 고민이 많을 수밖에 없는 이유가 바로 이것입니다. 말을 잘하기 위해, 표현을 잘하기 위해서는 해야 할 것들이 너무 많으니 고민도 많을 수밖에 없지요. 이런 고민을 하나하나 귀 기울여 듣다 보니, 표현에 대한 고민의 양상은 여러 가지이지만 해결하는 방법은 의외로 한 가지로 귀결된다는 사실을 알게 되었어요.

'하고 싶은 말을 잘 표현하는' 가장 효과적인 방법은 바로 '상대방이 듣고 싶은 방식'으로 이야기하는 것입니다. 즉, 좋은 말하기란 '내가 진짜 하고 싶은 말을 상대방이 듣고 싶은 방식으로 말하는 것'이지요.

B 변호사는 저와 함께 오랫동안 말하기를 연습했습니다. 더 넓고 큰 무대에서 실력을 펼치기 위해 대형 로펌으로 이직을 시도했지요. 자신의 생각과 의견을 논리적이고 당당하게 어필하려고 많은 노력을 기울였습니다. 치열한 연습의 시간이 지날수록 말하기에 능숙해졌습니다. 선택하는 단어 하나하나가 적확했고, 모든 말에는 명확한 근거가 있었습니다. 이후 원하는 곳으로 이직하는 것에 성공했을 뿐만 아니라, 탁월한 변론으로 스피치 실력까지 인정받게 되었습니다.

그러던 어느 날, B 변호사가 소통에 대한 고민이 있다며 찾아왔습니다. 회사와 법정에서 말하는 건 어렵지 않은데, 집에서는 소통이 잘 안 된다는 거였어요. 가만히 이야기를 들어 보니, 가족들에게 "법정에서 이야기하는 것처럼 말하지 마라"는 핀잔을 자주 듣는다더군요. 너무 딱딱하고, 때로는 무섭기까지 하다는 것이었죠. B 변호사는 자신은 최대한 정확하게 말하는 것이 좋다고 생각해서 그런 것인데, 어찌할 줄 모르겠다고 했습니다. 어떻게 하면 친절하게 말할 수 있을까요?

제3자의 입장에서 보면 참 쉬운 문제일 겁니다. 집에서는 논리와 근거를 따지지 말고 그냥 따뜻하게 이야기하면 되는 거 아닌가 싶을 거예요. 맞습니다. 조금 더 구체적인 답을 찾자면 가족들이 원하지 않는 방식, 요컨대 법정에서 말하는 것 같은 딱딱한 말하기보다 그저 있는 그대로 받아들이는 말하기가 필요한 상황입니다.

상대방이 어떻게 듣고 싶은지 생각해 보세요

'할 말'을 효과적으로 전달하는 방법은 간단합니다. 그저 상대방이 듣고 싶어 하는 방식으로 전달하면 됩니다. 논리를 중시하는 상대에게는 이성적으로 근거와 함께 말하면 되고, 공감을 중시하는 상대에게는 옳고 그름을 따지기보다 있는 그대로 받아들이는 방식으로 말하면 됩니다.

누군가에게는 촌철살인의 멋진 연설이, 누군가에게는 따분하기 짝이 없는 지루한 훈화 또는 지긋지긋한 잔소리가 되기도 합니다. 진정으로 하고 싶은 말이 있다면, 상대방이 어떤 방식으로 듣고 싶을지 생각해 봐야 합니다. 그래야 내가 진심으로 하고 싶은 말이 상대에게 가닿을 테니까요. 말투와 어조, 발음과 발성 같은 것들은 그다음 문제입니다. 상대방이 듣고 싶어 하는 방식을 생각해 보세요. 우아한 말하기가 시작됩니다.

내가 진정으로 하고 싶은 말을
상대방이 듣고 싶어 하는 방식으로 이야기하는 것이
가장 우아한 말하기입니다.
나의 '할 말'을 찾았다면,
그다음은 상대가 어떠한 방식으로 듣고 싶을지
생각해 보세요.
상대의 마음을 헤아리려는 노력이
보다 우아한 말하기를 만듭니다.

66

Part 2

우아한 말하기
5원칙

Part 2에서는 말 한마디에 우아함을 더할 실질적인 방법들을 알아보고자 합니다. 우아하게 말할 수 있는 5가지 원칙, 이른바 '우아한 말하기 5원칙'을 정리했습니다. 이 원칙들을 차근차근 따라해 보면 자연스럽게 언품言品을 갖춘 한마디를 건넬 수 있습니다.

1원칙 | 무조건, 긍정의 언어로 시작하세요

무엇보다 먼저 상대를 인정하고 긍정해 주세요. 자신의 말을 인정해 주지 않는 사람과는 대화하고 싶은 의지가 생기기 어렵습니다. 긍정의 언어로 시작할 때 상대방은 저절로 나와의 대화 속으로 한 걸음 들어올 거예요. 반대로 상대에게 어려운 이야기를 꺼내야 할 때는 상대의 입에서 먼저 '예'라는 말이 나오도록 질문을 던져 보세요. 긍정적인 말로 시작된 대화는 계속 긍정적인 분위기로 이어지고, 부정적인 말로 시작된 대화는 대개 부정적으로 흘러갑니다.

2원칙 | 상황과 사람을 분리하세요

늘 좋기만 한 사람도, 늘 나쁘기만 한 사람도 없습니다. 늘 잘하는 사람도, 늘 못하는 사람도 없고요. 그러므로 다른 사람에게 말을 건넬 때는 상황과 사람을 분리해서 볼 필요가 있어요. 현재의 상황과 스스로를 분리해서 보면 자존감이 올라가고 문제도 쉽게 해결할 수 있다는 것은 익히 알려져 있습니다. 이것은 다른 사람을 대할 때도 마찬가지입니다. 상황과 사람을 분리해서 대화를 나누다 보면 관계가 더욱 단단해집니다. 상대를 존중하며 우아하게 말하고 싶다면 상황과 사람을 분리해 보세요.

3원칙 | 명확하게, 정중하게, 자연스럽게 표현하세요

고마움과 미안함은 명확하게 표현하고, 불편함과 난처함은 정중하게 표현하세요. 무엇이든 자연스럽게 표현하면 우아하게 말할 수 있습니다. 더도 말고 덜도 말고 내가 느낀 만큼의 고마움, 미안함, 불편함을 있는 그대로 자연스럽게 표현하세요. 구태여 과장하거나 축소할 필요가 없습니다.

4원칙 | 행동과 실천으로 마무리하세요

말하기의 마침표는 반드시 행동과 실천으로 찍어 주세요. 멋진 명언, 우렁찬 목소리, 불끈 쥔 주먹 같은 것들보다 말하기에서 가장 우아한 마침표는 자신의 말에 책임지고 솔선수범하는 모습을 보여주는 것입니다. 행동과 실천이 뒤따르지 않는다면 아무리 우아하게 말한들 신뢰가 오래가지 못합니다. 우아한 말하기에 생명력을 불어넣는 것은 다름 아닌 직접 실천하는 모습입니다.

5원칙 | 비언어로 환대하세요

비언어로 상대방을 환대해 주세요. 비언어란 표정, 몸짓, 목소리, 옷매무새와 같이 언어가 아니지만 말하기의 한 축을 담당하는 요소입니다. 그리고 환대란 상대방의 말을 환영하는 것입니다. 나의 표정, 몸짓, 목소리, 옷매무새는 상대의 말문을 열게 만들기도, 또는 닫게 만들기도 합니다. 우리가 온몸으로 상대의 말을 환영할 때, 우리 사이의 대화는 한층 더 풍성해질 거예요.

1장

무조건,
긍정의 언어로
시작하세요

먼저 환경을 긍정적으로 바꿔 보세요

언젠가 기업의 인사 담당자와 이야기를 나눌 기회가 있었는데, 그분은 노조와의 대화가 가장 어렵다고 토로했습니다. 말하기와 스피치를 지도하며 꽤 다양한 직종을 만나봤는데, 노조 관련 업무를 하시는 분은 처음이어서 호기심이 생겼어요.

　그분은 서울 본사에 근무하는데, 지방 공장으로 출장을 가서 노조 담당자를 만나는 것이 주요 업무 중 하나라고 했습니다. 처음 몇 년간은 혼자 대면을 하려니 자기편은 아무도 없는 것 같아 외롭고 힘들었다고 합니다. 지금은 좀 나아졌냐고 물었더니 그분은 씩 웃으면서 이제는 분위기를 확 풀어버리는 나름의 비법이 생겼다고 하면서 이야기를 들려주었어요.

노조 위원들을 만나면 날카롭고 때로는 공격적으로 반응하는 경우가 많은데, 그럴 때 그분의 첫마디는 바로 "일단 짜장면 한 그릇씩 먹고 이야기 나누시죠"라는 것이라고 합니다. 이 이야기를 듣고 나도 모르게 반문했습니다. "일단 짜장면부터 먹는다고요?" 뭔가 강력한 한마디를 기대했는데, 겨우 짜장면 한 그릇을 먹자는 것이라니 의아했습니다.

알고 보니 비법의 원리는 단순했습니다. 일단 '맛있는' 짜장면을 같이 먹다 보면 배가 부르니 만족감이 생겨서 긍정적인 분위기가 만들어진다는 겁니다. 맛있는 걸 먹으면 기분이 좋아지니까요. 이때는 업무 이야기는 제쳐두고 지난번에 만난 이후로 어떻게 지냈는지 가벼운 안부도 물으면서 공감대를 형성하기도 하고요. 이렇게 기분이 좋아진 상태에서 이야기를 풀어 나가니 아무래도 대화가 한결 수월해진다는 것이었습니다.

이처럼 어려운 이야기, 갈등이 예상되는 대화, 첨예한 소통을 시작하기 전에는 긍정적인 환경을 조성하는 것이 필요합니다. 맛있는 음식을 나눠 먹으며 일상적인 이야기로 공감대를 형성하여 상대방의 주파수를 긍정 채널에 맞추는 것이 핵심이죠. 긍정적인 주파수에서 시작하는 대화는 아무래도 계속 긍정적으로 흘러가기 마련이니까요. 특별할 것 없는 비법을 들으면서 많은 생각을 했습니다. 긍정적인 환경이 사람에게 끼치는 영향은 사실 상상 이상으로 거대하다는 것이죠.

긍정적 환경의 중요성

10년 전쯤 미국 컬럼비아대학교 비즈니스스쿨의 조너선 레바브 교수는 흥미로운 연구 결과를 발표했습니다. 의사결정을 연구하는 그는 재판관이야말로 최고의 의사결정 전문가라고 생각했습니다. 그래서 이스라엘 재판관들이 수감자의 가석방 요청에 대해 어떤 의사결정을 내리는지 법정 결정자료 1,112건을 분석했습니다. 그 결과, 재판관이 간단한 간식이나 점심을 먹으며 휴식을 취한 직후에는 가석방률이 65%에 달했습니다. 절반 이상이었던 것이죠. 반면 휴식이 끝나고 시간이 지날수록 또는 점심식사 전 배고픔을 느끼는 시간에 판결을 내리면 가석방률이 0%에 가까웠습니다. 죄수들의 범죄 유형, 수감 기간, 심지어 성별 등을 구분해서 조사해 봐도 결과는 같았습니다. 고도로 훈련된 의사결정의 전문가들도 점심을 먹었는지, 정신적인 피로감이 어느 정도인지 등에 따라 영향을 받는다는 겁니다. 의사결정을 하는 순간의 환경이 이토록 중요합니다.

말하기 역시 마찬가지입니다. 친구와 진지한 이야기를 나누려고 한다면 조용한 카페에서 만나는 것이 좋습니다. 시끄러운 환경은 짜증과 같은 부정적인 정서를 만들어 내니까요. 상대방의 머릿속에 부정적인 생각들이 가득 차 있다면 아무리 좋은 이야기를 해도 잘 전달되지 못합니다. 그런데 우리는 긍정적인 내용, 긍정적인 말투, 긍정적인 단어가 중요하다는 것은 알면서, 긍정적인 환경을 조성해야 한다는 생각은 미처 하지 못합니다. 목소리가 잘 들리지 않을 정도의 시끄러운 환경 또는 누가 봐도 상대방이 감정적으로 격앙되어 있는 순간을 피하는 정도를 제외하고는 의사소통 환경에 신경 쓰지 않습니다.

당신은 어떤 환경에서 말을 하고 있나요? 긍정적인 환경에서 말하고 있나요? 조금 더 긍정적인 환경을 만든 다음에 상대와 대화를 나눠 보는 것은 어떨까요?

나만의 긍정 비법을 만들어 보세요

마지막으로, 저의 '비법'도 하나 공개합니다. 저는 티라미수를 참 좋아하는데, 티라미수의 뜻이 참 재미있습니다. 티라미수는 이탈리아어로 'Tirare'와 'Mi' 그리고 'Su'를 합친 말입니다. 'Tirare'는 '끌어올리다', 'Mi'는 '나', 'Su'는 '위쪽'을 뜻합니다. 다시 말해 '나를 위로 끌어올려 주세요'라는 뜻이죠. 상대방의 긍정성을 위로 끌어올리는 데 이만한 것이 또 있을까요? 저는 상대방이 어떤 말을 쉽게 꺼내지 못할 때, 상대방에게 어려운 이야기를 건네야 할 때 티라미수의 도움을 많이 받았답니다. 본격적인 이야기에 앞서 우선 달콤한 티라미수 한 조각을 나눠 먹는 거죠. 그러다 보면 우리 모두 긍정적인 기운이 마음속에 차오르니까요.

여러분의 '짜장면', 여러분의 '티라미수'는 무엇인가요?

말하기의 환경을 긍정적으로 바꿔 보세요.

조용한 공간, 기분을 전환할 수 있는 장소,

맛있는 간식, 달콤한 음료 등

모두 대화의 환경을

조금 더 긍정적으로 만들 수 있는 요소입니다.

긍정적인 환경은

상대방의 긍정성을 끌어올리고,

자연스럽게 긍정적인 대화로 흐를 것입니다.

상대의 말을 있는 그대로
들어 주세요

새로운 콘텐츠를 기획하기 위해 오랜 동료들과 함께 이야기를 나눌 때였어요. 참신한 아이디어를 짜내는 일이 늘 그렇듯 생각처럼 잘 진행되지 않았습니다. 누군가 의견을 내면 다른 누군가는 '아니, 그런데 이런 문제가 있을 수 있어요'라며 의견을 덧붙이고, 우리는 그렇게 계속 아이디어를 교환해 나갔습니다. 회의가 길어지자 잠깐 커피라도 한잔하며 머리를 식힐 시간이 필요했습니다.

20분 정도 쉬기로 하고, 스마트폰을 켰습니다. 마침 친구에게서 너무 재미있는 글이 있으니 꼭 읽어 보라는 메시지와 링크가 와 있었습니다. 링크를 열어 보니 '한국인 특유의 화법'이라는 게시글이었습니다. 한국인은 '아니'라는 단어로 대화를 시작하는 경우가 많다는 내용이었습니다. '아니, 근데~' '아니, 그러니까~' '아니, 그게 아니라'처럼요. 이런 말버릇을 일컬어 '아니시에이팅'이라고 한답니다. '리그 오브 레전드' 게임에서 선제 공격을 하는 행위로 자주 쓰이는 '이니시에이팅initiating'이 라는 용어와 '아니'라는 말을 합친 신조어입니다. 요즘은 별의 별 신조어가 다 있다 싶으면서도, '아니, 그나저나 딱 우리 팀 회의하는 모습과 똑같잖아'라는 생각이 들었습니다. 아, 저도 모르게 또 '아니'라는 말로 시작해 버렸네요.

가만히 생각해 보니 정말 그런 것 같습니다. 주변 친구들 도, 나 자신도, 학원을 찾아오는 수강생들도 대화를 하다 보면 '아니'라는 말로 시작하는 경우가 꽤 많으니까요.

'Yes, but'보다 'Yes, and' 화법으로

인터넷 유머 글을 자못 진지하게 분석해 보려는 것은 아니지 만, 분명히 시사하는 바가 있는 이야기였습니다. 왜 우리는 '아니'라는 말로 대화를 시작할까요? 여러 가지 이유가 있을 겁니다. 말 그대로 '아니'라는 의사를 표현하기 위해서일 수도 있고, 별 생각 없이 습관적으로 내뱉을 수도 있습니다. 또는 화제를 전환하기 위해 던지는 말일 수도 있습니다. 그러나 이 유가 무엇이든 '아니시에이팅'이 반복되면 듣는 사람의 입장에서는 자신의 말이 온전히 수용되지 못하는 느낌을 받을 수밖에 없습니다. '아니' 뒤에 따르는 내용이 아무리 긍정적이라 하더라도 일단 '아닌 건 아닌 거'니까요.

아무리 선한 의도에서 비롯된 말이라도 듣기 싫을 때가 있습니다. '아니' 뒤에 따르는 내용이 아무리 통찰력 있고 예리하더라도 별로 동의하고 싶지 않을 때가 있습니다. 모두 처음에 시작된 '아니'라는 말 때문입니다. 왠지 모르게 일단 내가 틀렸다는 걸 인정해야만 할 것 같기 때문입니다.

'아니시에이팅'에는 단순히 '아니'라는 말만 있는 게 아닙니다. 기계적으로 '그래, 맞아'라고 맞장구를 친 다음에 뒤따르는 '그렇지만' '그런데'도 '아니시에이팅'입니다. 이른바 'Yes, but' 화법입니다. '아니시에이팅'의 핵심은 일단 상대의 말에 대해 '아니'라는 표현을 먼저 쓰고 자기 의견을 전달한다는 것입니다. 이렇게 부정적인 표현은 이미 상대와의 거리를 멀어지게 만들 뿐입니다.

상대방의 의견을 우선 있는 그대로 인정하고 받아들이는 것은 어떨까요? 세계 최고의 기업 구글에서는 'Yes, but' 또는

'아니시에이팅' 대신 'Yes, and' 화법을 쓴다고 합니다. 자신이 동의하지 않는 의견을 듣더라도 '예'라고 상대방의 의견을 있는 그대로 받아들인 다음에 자신의 의견을 덧붙이는 것입니다. 상대방이 어떤 아이디어를 냈을 때, '아니시에이팅' 또는 'Yes, but' 화법을 쓰면 다음과 같이 대답하게 됩니다. "아니, 나는 다르게 생각해." "맞아, 그런데 내 생각에는 그 아이디어에 이런 문제가 있는 것 같아." 반면 'Yes, and' 화법을 적용해 볼까요? "맞아요, 좋은 아이디어예요. 그리고 그 아이디어는 이러한 점을 고려해 볼 수 있어요." 'But'을 'And'로 바꿨을 뿐인데, 상대방의 아이디어를 100% 수용하면서 더 나아가 확장하게 됩니다.

서로 다른 2가지 의견을 하나로 융합하여 확장하는 것이 우아한 말하기의 힘입니다. 상대방의 말을 있는 그대로 받아들여 주세요. '아니' '하지만' '그러나'라고 말하기보다 '네 생각에 내 의견을 더하면'이라고 말해 주세요. 상대와 나 사이의 거리가 차츰 가까워져 창의적인 아이디어가 탄생할 거예요.

다른 사람의 말을
있는 그대로 받아들여 주세요.
습관적으로 '아니'라는 말로 시작하기보다는
상대의 말을 전적으로 수용하고,
내 의견을 덧붙이세요.
상대와 나의 서로 다른 의견이
더 창의적인 대화로 확장됩니다.
긍정을 만드는 있는 그대로의 수용,
우아한 말하기의 시작입니다.

상대의 칭찬을
수용해 주세요

때로는 무심결에 '아니'라는 말이 먼저 나올 때가 있습니다. 제
안에 대한 거절, 싫다는 의사 표현을 해야 하는 상황이 아니더
라도 말이죠. 예전에 친한 후배가 비슷한 고민을 털어놓은 적
이 있어요. 누군가 자신을 칭찬할 때 뭐라고 대답하기 머쓱해
서 '아니에요'라고 손사래를 치게 된다는 것이었어요. 상대방
이 좋은 뜻으로 하는 말인 걸 잘 알고 있지만, 그렇다고 넙죽
'네! 감사해요'라고 대답하면 겸손하지 못한 것처럼 비쳐질까
봐 자기도 모르게 '아니'라는 말을 하게 된다는 것이었죠. 그렇
다고 자꾸 '아니'라고 하면 상대방의 말을 부정하는 것 같아서
그 또한 민망하게 느껴질 때가 있다고 합니다.

사실 이런 상황은 제법 흔히 겪는 일입니다. 피겨스케이트의 김연아 선수도 〈유퀴즈〉에 출연했을 때 비슷한 고민을 털어놓았지요. 누가 봐도 너무나 아름다운 김연아 선수인데, 팬으로부터 "어머, 김연아 씨 너무 아름다우세요"라는 칭찬을 들었을 때 "감사합니다"라고 하면 자신의 미모를 인정해 버리는 것 같아 그냥 "아… 예…"라고만 대답하게 된다고요. 이럴 때 어떻게 대답하면 좋을까요? 참고로 〈유퀴즈〉에서 조세호가 제안한 방법은 머쓱하게 머리를 긁는 것이었습니다. 물론 유머러스한 방법이지만 더 좋은 방법은 없을까요?

잠깐 다른 이야기를 해볼게요. 지금은 종영된 〈무한도전〉에서 인상 깊었던 에피소드가 하나 있습니다. 〈무한도전〉을 이끌 차세대 리더를 뽑는 선거 토론회였는데, 지석진이 유재석을 응원하는 장면이 있었어요. 지석진은 〈무한도전〉의 시작을 생각해 보라면서 유재석을 제외한 다른 멤버들을 인정사정없이 비난해 큰 웃음을 자아냈습니다. 저에게 인상 깊었던 부분은 지석진의 지지 발언을 듣고 유재석이 "형이 저를 너무 예뻐해서 그래요"라고 마무리 지은 점이었습니다.

칭찬하는 사람의 선의를 받아들이세요

칭찬에 대해 '예, 감사합니다'라고 응답하기 어려운 이유는 자 첫 잘난 척하는 것처럼 들릴 수 있기 때문입니다. 그렇다면 칭 찬의 내용이 아니라 칭찬하는 사람의 선의를 수용하면 어떨 까요? 유재석이 지석진의 칭찬을 수용한 것처럼요.

칭찬이라는 '메시지'는 크게 2가지로 구성됩니다. 첫 번째 는 칭찬하는 사람의 선의입니다. 어떤 이유에서건 상대방이 나를 좋게 봐준 마음이지요. 두 번째는 나에 대한 좋은 말과 평가입니다. 저의 후배나 김연아 선수의 고민은 상대방이 나 를 좋게 봐준 '마음'을 그대로 받아들이는 부분에 대한 것입니 다. 그리고 유재석이 표현한 것은 상대방이 나를 좋게 봐준다 는 선의를 받아들이는 것이죠.

물론 칭찬 한마디에 뭐 이렇게 꼬치꼬치 따져야 하는지 의 문을 가질 수도 있습니다. 맞습니다. 그저 말 한마디일 뿐이 니, 가볍게 받아주면 됩니다. 하지만 혹여 잘난 척하는 것처럼 보일까 봐 걱정된다면, 상대가 나를 좋게 봐주려는 그 마음을 받아들여 주세요.

"네, 예쁘게 봐주셔서 감사합니다."

"네, 저를 많이 좋아해 주셔서 감사합니다."

칭찬이 수용되는 경험을 나눠 보세요

칭찬을 수용하는 것이 왜 중요할까요? 칭찬을 받아들이면 칭찬을 건넨 사람의 마음에는 긍정성이 차오릅니다. 나의 말을 상대가 받아들인다는 것은 참으로 귀한 경험입니다. 나의 칭찬을 상대가 받아들임으로써 긍정적인 기분을 느끼게 되지요. 처음에 긍정적인 분위기를 경험하면 당연히 대화는 더욱 풍성해지고, 관계는 더욱 단단해집니다. 긍정이 가득한 대화로 이어지게 될 테니까요.

칭찬하는 사람의 선의를 있는 그대로 받아들이기가 처음에는 조금 어색할지 몰라요. 그렇다면 내가 칭찬을 받아들여야 상대가 기뻐한다는 사실에 주목해 보면 어떨까요? 나의 쑥스러움은 잠시 잊고 상대방에게 즐거운 소통의 경험을 주는 것이지요. 이것이야말로 근사하고 우아한 말하기입니다.

칭찬을 듣는 것이 멋쩍고 쑥스러워
나도 모르게 '아니'라고 반응해 왔다면,
나에게 칭찬을 건네는 사람의
선의를 수용한다고 생각해 보세요.
상대방이 나를 칭찬하는 선의를
있는 그대로 온전히 수용하면
상대는 자신의 선의가 받아들여지는
경험을 하게 됩니다.
결과적으로 칭찬을 들은 나도
칭찬을 한 상대도
긍정적인 기분을 느끼게 되지요.
그렇게 긍정이 가득한 대화가 이어집니다.

긍정하다 보면
긍정이 생겨요

얼마 전 친한 동생이 찾아와 커피를 마시며 즐거운 시간을 보냈습니다. 잠시나마 서로의 근황도 묻고 기쁜 일 힘든 일도 나누며 한참 웃고 떠들던 중 동생이 갑자기 질문 하나를 던졌습니다.

"나랑 친한 친구 두 명 사이에 문제가 생겼는데, 내가 누구 편을 들어야 할지 모르겠어. 언니 생각은 어떤지 궁금한데, 의견 좀 줄 수 있어?"

전해 들은 이야기를 요약하자면 이렇습니다. 곧 결혼을 앞두고 있는 A를 축하해 주기 위해 친구 B와 셋이 한자리에 모였을 때의 일입니다. 결혼할 사람을 어떻게 만나게 되었는지 등을 물어보며 한창 이야기하던 중 B가 A에게 "그런데 네가 조금 아깝다"라고 덧붙인 것이 사건의 발단이었다고 해요. '아깝다'는 이야기를 들은 A는 조금 어두운 표정으로 "나는 그 사람 좋은데? 나만 좋으면 됐지"라고 대답했습니다. 이어서 A는 B에게 "서운하다"는 말을 덧붙였고, B는 "그냥 너를 아끼는 마음에서 그런 말이 나온 것뿐인데 왜 이렇게 예민하게 반응하냐"고 말했습니다. 그렇게 A와 B 사이에 냉랭한 기류가 흐른 채로 그 자리가 마무리되었던 것이죠. 중간에 껴 있던 동생은 어떻게 해야 할지 난처한 상황이 되었고요.

축하와 존중, 그리고 다정한 응원의 한마디

인생에서 큰일을 앞두고 있는 친구에게 이런저런 조언을 했는데, 받아들이는 입장에서는 마음이 불편하고 상처를 입게 되는 상황, 아끼는 마음에 선의로 건넨 말에 상대방이 서운함을 느끼는 상황은 그리 드문 일이 아닙니다. 상대의 말을 서로 다르게 받아들이면서 두 사람 사이가 어색해지는 상황을 누구나 한 번쯤은 직간접적으로 경험했을 겁니다. 왜 이러한 일이 생길까요? 분명 친구를 아끼는 마음에서 했던 말인데, 어디서부터 꼬인 걸까요?

아무리 좋은 의도와 상대를 위하는 마음으로 건네는 조언이라도, 그 말을 듣는 사람의 마음에 가닿지 못하면 아무 소용이 없습니다. 선택은 늘 두려움을 동반합니다. 우리가 살아가면서 해야 하는 크고 작은 선택 중 쉬운 것은 단 하나도 없지요. 더구나 중요한 선택을 앞두고 불안감이 드는 것은 당연합니다. 이런 상황에서 다른 사람들로부터 듣고 싶은 말은 날카롭고 냉철한 조언이 아니라 자신의 선택에 대한 존중과 다정한 응원의 한마디일 것입니다. 듣는 사람이 긍정적인 마음을 가져야 냉철한 조언도 받아들일 여지가 생기는 겁니다.

긍정적인 마음을 불러일으키는 말은 그다음에 내가 건네고 싶은 냉철한 조언의 낙하산 같은 역할을 합니다. 나의 조언이 허공으로 흩어지지 않고 상대의 마음에 안전하게 내려앉을 수 있도록 하는 것이지요. 이러한 낙하산이 없는 날카로운 조언은 상대의 마음에 생채기를 내기 쉽습니다. 상대를 위해 건넨 쓴소리가 상대의 도전 의지를 무너뜨릴 수도 있고, 관계를 깨뜨릴 수도 있습니다. 그것은 우리 모두 원하는 바가 아니겠지요.

상대방을 긍정하는 따뜻한 말 한마디

친한 친구가 어려운 선택을 했거나 힘든 결정을 내렸다면, 일단 그것을 존중하고 긍정해 주세요. 설령 나라면 조금 다른 선택을 했을 것 같더라도 일단 응원해 줍니다. 우선 상대를 긍정하는 따뜻한 말 한마디를 건네주세요. 물론 친구가 선택의 기로에서 고민하고 있다면 기탄없이 냉철한 조언을 해도 됩니다. 하지만 친구가 이미 결정을 내렸다면 그 순간에 가장 필요한 것은 다정한 응원입니다.

"축하해. 네가 충분히 고민하고 결정했으리라 믿어."

뭔가를 선택한 친구에게 제가 먼저 건네는 한마디입니다. 친구의 마음속에서 수없이 일어났던 고민을 잘 매듭지었다는 사실 자체를 먼저 축하해 주고 싶었습니다. 크든 작든 '고민'이라고 하는 까다로운 일을 잘 마무리한 것은 응당 축하받을 일입니다. 그리고 내 친구라면 현명하게 결정했을 테지요. 무엇이 더 유리하고 불리한지 평가하는 일은 그다음에 해도 전혀 늦지 않습니다.

'축하해.' 짧은 세 글자로 존중받는 느낌을 선사해 주세요. 친구로서 꼭 건네고 싶은 조언이 있다면 이 한마디가 친구의 마음에 무사히 가닿는 낙하산이 되어 줄 것입니다.

가까운 사람이 이미 결정을 내리고 선택했다면,
무엇보다 먼저 축하해 주세요.
어려운 고민을 매듭지었는데,
축하하지 않을 이유가 없으니까요.
친구가 현명한 선택과 결정을 했을 거라는
신뢰를 전달하는 것이기도 합니다.
축하와 존중, 그리고 다정한 응원의 한마디에는
과유불급이라는 말이 적용되지 않습니다.
냉철한 평가와 조언은 그다음에 해도 늦지 않아요.
축하와 존중, 응원이 배제된 조언과 평가는
그 의도가 아무리 선량할지라도,
그 내용이 아무리 유익할지라도
상대의 마음에 생채기를 내고
관계를 깨뜨릴 수 있습니다.

상대의 존재를
인정하세요

긍정肯定. 흔히 '긍정적으로 생각해' 또는 '긍정적으로 바라봐'라는 표현으로 많이 쓰입니다. 그런데 긍정이라는 말은 단순히 낙관적으로만 보는 것이 아닙니다. 있는 그대로 인정하는 것이 '긍정'이라는 단어의 참뜻에 더 가까울 거예요.

우아한 말하기의 첫 번째 원칙, '무조건, 긍정의 언어로 시작하세요'에서는 대화 분위기를 긍정적으로 만들고 상대방에게 긍정적인 마음을 불러일으키는 기법에 대해 이야기했어요. 이번에는 있는 그대로 받아들이고 인정하는 태도를 보여줌으로써 긍정적인 마음을 불러일으키는 대화법에 대해 이야기해 보고자 합니다.

상대방의 존재가치를 있는 그대로 인정하세요

핵심은 간단합니다. 있는 그대로 인정하면 되는 것이죠. 그렇다면 무엇을 있는 그대로 인정해야 할까요? 바로 상대방의 존재가치입니다. 자신만의 잣대로 상대방을 가늠하거나 판단하지 않고, 상대방의 존재를 있는 그대로 인정하면 상대방도 긍정적인 마음이 생겨납니다.

상대방의 존재가치를 인정하는 것 못지않게 중요한 긍정의 또 다른 측면을 이야기해 볼게요. 다름 아닌 내가 상대방에 대해 충분히 모를 수 있다는 점을 인정하는 겁니다. 우리는 종종 대화를 하면서 상대방의 감정을 완전히 이해하고 있다고 착각합니다. 그렇기에 '네 마음 충분히 이해해'라는 말을 쉽게 건네기도 합니다. 하지만 과연 그럴지 의문이 듭니다.

제가 안정적인 회사를 그만두고 아나운서 시험 준비를 시작했을 때, 코로나 시국에 처음 스피치 학원 경영에 도전했을 때, 올인원 면접 플랫폼 스타트업의 길에 나섰을 때, 가족과 친구들이 건넨 "이해해, 얼마나 힘들겠니"라는 말은 저에게 큰 용기를 주었습니다. 그러나 각자의 가치관과 처한 상황이 저마다 다르니, 모두가 저의 상황을 100% 이해하지는 못했을 것입니다. 마찬가지로 후배가 대기업의 최종 면접에서 탈락하고 실의에 빠진 채 찾아왔을 때 "더 좋은 회사에 갈 거야"라고 위로의 말을 건네기는 하지만 그 친구가 얼마나 힘든지 100% 이해하지는 못합니다. 우리는 정말로 가까운 사람의 감정을 온전히 이해할 수 있을까요? 아니면 그저 이해한다고 착각하는 것일까요?

상대에 대해 '잘 모른다'는 것을 인정하세요

미국의 유명한 심리학자 존 가트맨은 40년 이상 부부관계를 연구한 결과 성공적인 관계를 만드는 흥미로운 요소를 밝혀 냈습니다. 상대방의 감정을 완전히 이해하지 못한다는 사실을 인정할 때 오히려 더 깊은 공감으로 이어진다는 거예요. 참 역설적으로 들리죠? 저는 이 이야기를 들었을 때 많은 의문이 풀리는 것 같았어요. "네가 얼마나 힘든지 다 알아"라고 말하면 오히려 내 경험과 생각, 감정을 단순화해서 자기 경험에 끼워 맞추는 것이 아닌가 하는 기분이 들었던 적이 있었거든요. 반면 "네가 얼마나 힘든지 내가 어떻게 다 알 수 있겠니. 네 마음을 100% 이해하지 못하겠지만 그래도 네 이야기를 듣고 싶고, 나는 너를 응원해"라는 말을 들으면, 오히려 내가 100% 수

용받은 느낌이 듭니다. 어찌 보면 나를 얼마나 이해해 주느냐는 중요한 게 아닙니다. 나를 있는 그대로 인정하고 받아들여 주는 것이 바로 진정한 의미의 긍정입니다.

저는 누군가와 대화할 때면 늘 제가 상대방에 대해 잘 모를 수 있다는 것을 인정하려고 합니다. 놀라운 것은 제가 그렇게 인정할 때 오히려 상대방은 더 마음 편하게 이야기를 쏟아낸다는 겁니다. 충분히 터놓고 이야기해도 문제없다는 긍정적인 마음이 피어난 결과이지요.

물론 제 이야기를 듣고, 한 가지 우려가 떠오를 수도 있습니다. '모른다'고 인정하면 성의 없거나 무능력해 보이지 않을까 하는 것이지요. 특히 회사에서는 '잘 모르겠다'라고 말하는 것이 부담스러울 수 있습니다. 그러나 저는 '잘 모르겠다'는 말과 배우려고 하는 자세가 결합되는 것이 가장 이상적인 태도라고 생각합니다. 오히려 '모른다'고 인정하는 용기가 자신감과 성장하고자 하는 의지로 이어질 수 있지요.

진정한 긍정의 자세, 쉽게 말해 '잘 모른다'고 인정하는 것은 어렵지 않습니다. 하루에 적어도 한 번은 '잘 모르겠어'라고 이야기해 보는 것에서 시작할 수 있어요.

"내가 네 상황을 완벽하게 이해하지 못할 수 있어."

"내가 잘 모를 수도 있어."

이렇게 말해 보세요. 그리고 덧붙여 보세요.

"그렇지만, 네 이야기를 더 듣고 싶어."

"너를 응원해 주고 싶어."

중요한 것은 이해했느냐 못 했느냐의 문제가 아닙니다. 내가 모른다는 것을 인정하고 상대를 있는 그대로 받아들여 주는 것이야말로 상대에게 허심탄회하게 속마음을 터놔도 된다는 긍정성을 만들어 냅니다. '모른다'고 인정하는 용기는 나와 다른 사람의 관계를 긍정적인 분위기로 가득 채울 것입니다.

있는 그대로 받아들이는 인정이 긍정으로 이어집니다.

그렇다면 무엇을 인정해야 할까요?

두 가지가 중요합니다.

나만의 잣대로 상대를 가늠하고 평가하는 것이 아니라

상대의 존재가치를 있는 그대로 인정하는 겁니다.

그리고 내가 상대에 대해

충분히 잘 모를 수 있다는 것을 받아들여야 합니다.

상대의 존재가치를 인정할 때

진정으로 동기를 이끌어 낼 수 있고,

상대를 완벽히 이해하지 못한다는 점을 인정할 때

진정한 공감을 전달할 수 있습니다.

2장

상황과
사람을
분리하세요

균형 잡힌 시각을
가져 보세요

"이사한 집에 페인트를 칠했는데 냄새가 너무 독해서 머리가
아파. 그런데 문을 열면 밖에서 매연이 들어와 기침이 계속
나. 문을 닫자니 머리가 아프고, 문을 열자니 기침이 나. 어떻
게 해야 할까?"

이 문제는 드라마 〈응답하라 1994〉에 나온 것입니다. 그때
(저를 포함한) 많은 여성들이 열광했던 문제이지요.

주인공 '나정'은 주변 남자 사람 친구들을 모아놓고 위의 질
문을 던집니다. 이 질문에 대해 친구들은 갖은 이유를 들며 문
을 열어야 하는지 닫아야 하는지 토론을 벌이기 시작했죠. 도

통 문제의 핵심을 파악하지 못하는 친구들을 보며 실망한 나정은 결국 최고의 상남자인 '쓰레기' 오빠 김재준에게 이 질문을 던집니다. 의대에서 수석을 도맡아 하는 김재준은 질문을 듣자마자 자못 심각한 얼굴로 약 2초 정도 고민한 뒤 확신에 찬 답을 내뱉습니다. "문을 열어야지!"

나정이 재차 실망할 즈음, 서울 남자 '칠봉이'가 나타나고, 나정은 다시 한 번 질문을 던집니다. 고심 끝에 "문을 닫는 게 낫지 않냐"라고 대답하는 칠봉이를 보며 나정이 실망을 넘어 절망에 빠지려는 찰나 칠봉이가 한마디 덧붙입니다. "근데, 너 괜찮아?"

문을 여느냐 닫느냐가 중요한 게 아니라 따뜻한 말이 우선이라고 줄곧 주장했던 나정은 역시 서울 남자는 다르다며 칠봉이를 추켜세우고 만족스러워합니다.

상황과 사람을 분리해 보세요

이 에피소드를 보면서 어떤 생각이 드나요? 문제에 대한 명쾌한 해답이 중요할까요, 아니면 사람에 대한 따뜻한 관심이 더 중요할까요? 문제에 대한 해답과 상대에 대한 애정 중 어느

한 가지가 늘 우선하는 것이 아니라, 상황과 사람을 분리해서 보고자 하는 의도가 중요하다는 것입니다.

이것은 단순히 문제를 해결하는 기술이 아닙니다. 이는 우리의 삶과 관계를 더욱 풍요롭게 만드는 지혜이자 우아한 말하기의 토대입니다. 우리는 종종 문제 상황에 직면했을 때, 그 상황과 그 사람을 동일시합니다. 다시 말해 특정한 상황 속에서 보여준 어떤 행동, 어떤 모습 하나로 그 사람 전체를 예단한다는 겁니다.

가령 직장에서 동료가 실수를 저지른 상황을 떠올려 볼까요? 동료가 실수한 상황을 동료 그 자체로 동일시한다면 어떤 일이 벌어질까요? 동료를 무시하거나 비난하게 되고, 결과적으로 관계도 틀어질 겁니다. 반면 실수한 상황과 동료를 완전히 별개라고 여긴다면 어떨까요? 상황은 상황대로 잘 처리할 여지가 생기고, 동료와 좋은 관계를 계속 유지해 나갈 수도 있습니다.

상황은 상황대로, 사람은 사람대로 별개로 접근하기 때문에 객관적인 관점에서 문제의 해결책을 찾고, 인간적인 관점에서 상대와 소통하게 됩니다.

물론 상황과 사람을 분리하는 것은 결코 쉬운 일이 아닙니다. 저 역시 나도 모르게 상황과 사람을 한데 묶어서 바라보는 경우가 있습니다. 그러지 않으려고 열과 성을 다해 노력하지만요. 대부분의 말하기 강의와 책을 봐도 '사람'에 대한 관심이 최우선이라고 강조합니다. 그렇지만 저는 이 조언에는 중요한 전제가 빠져 있다는 생각이 듭니다. 사람에 대한 관심이 최우선이 되려면 상황과 사람을 분리해서 보고자 하는 노력이 선행되어야 한다는 사실입니다.

상황과 사람을 분리하는 습관을 만들어 보세요

상황과 사람을 분리하면 문제 상황을 객관적으로 바라보면서 상대방의 감정도 헤아릴 수 있게 됩니다. 이것이 바로 우아한 말하기의 두 번째 원칙입니다. 마치 서울 남자 칠봉이가 그랬던 것처럼요(칠봉이도 나정에 대한 관심을 표하기에 앞서 문제 상황에 대한 자신만의 해결책을 제시했지요).

누군가와 대화를 나눌 때, 잠시 멈추고 생각해 보세요. '지금 내가 상황과 사람을 분리해서 보고 있는가?' 처음에는 잘 안 될 거예요. 이것 또한 습관입니다. 모든 습관이 그렇듯 익숙해지기까지 시간이 걸립니다. 한 가지 팁을 드리자면, 처음에는 대화할 때 바로 적용하기보다 하루의 마무리에서 연습해 보세요. '나는 오늘 상황과 사람을 분리했는가?' 잠자리에 들기 전 하루를 이렇게 돌아보면 상황과 사람을 잘 분리했던 순간과 그렇지 못했던 순간이 떠오릅니다. 그러면 내일은 꼭 잘 분리해서 봐야겠다고 다짐하게 되지요. 그렇게 작은 습관이 생겨납니다. '상황과 사람을 분리해서 바라보는 것', 이 작은 습관 하나가 여러분의 대화를 더욱 풍성하고 의미 있게, 그리고 더욱 우아하게 만들어 줄 것입니다.

대화를 할 때 가장 중요한 것은
사람에 대한 존중과 관심입니다.
그러나 그 전에 선행되어야 하는 것이 하나 있습니다.
상황과 사람을 분리해서 보고자 하는 노력입니다.
사람에 대한 존중과 관심에 집중하다 보면,
문제에 대한 객관적인 해결책을 찾는 일에는
상대적으로 소홀해질 수 있습니다.
균형 잡힌 시각에서
상황과 사람을 분리해서 볼 때
문제도 해결하고 상대와의 관계도
더 의미 있게 변화시켜 나갈 수 있습니다.

상황에 맞는 주제에
집중해 보세요

제가 좋아하는 배우 중 한 사람은 김혜수입니다. 사실 우리나라에서 그녀를 싫어하는 사람이 있을까 싶네요. 연기력도 뛰어나고, 인품도 대단히 훌륭한 것으로 유명하니까요. 그렇지만 김혜수 배우를 조금 더 인상 깊게 기억하는 것은 그녀의 연기 때문만은 아닙니다. 언젠가 그녀의 인터뷰를 담은 다큐멘터리를 본 적이 있습니다. '청룡의 여인'이라는 별명을 가진 그녀가 청룡영화제의 사회를 준비하는 장면이 있었어요. 그녀는 청룡영화제의 사회자로서 진행 대본을 꼼꼼히 숙지하는데, 그 과정에서 대본을 직접 수정한다고 합니다.

사회를 보는 사람이 대본을 직접 수정하는 게 뭐가 그렇게 인상 깊냐고요? 그녀는 영화제 참석자를 소개하는 부분을 집중적으로 수정한다고 해요. 예컨대 참석자의 외모를 강조하는 멘트 대신 연기, 영화와 관련된 내용 위주로 수정하는 거죠. 즉, 참석자라는 사람보다는 영화제라는 상황에 집중한다는 의미입니다.

이것은 상황과 사람을 현명하게 분리한 사례라고 볼 수 있습니다. 김혜수 배우가 청룡영화제라는 상황에 대해 고려하지 않았다면 어땠을까요? 영화제 본연의 의미가 퇴색되지 않았을까요? 이처럼 상황과 사람을 분리하는 것은 상황의 중요성과 사람의 중요성을 모두 놓치지 않기 위함입니다.

대화의 TPO를 먼저 따져 보세요

저 역시 항상 상황과 사람을 분리하고자 노력합니다. 물론 쉽지 않은 일인데요, 저만의 팁을 한 가지 공유하고자 합니다.

상황과 사람을 분리하기 위해서는 일단 TPO_{Time-Place-Occasion}(시간, 장소, 상황)을 따져 봐야 합니다. 내가 하려는 말이 시간과 장소에 적합한지를 먼저 따져 보는 것이죠. 여기서 저는 '상황'을 구체적인 '목적'으로 이해하고자 합니다. 이 상황의 목적이 무엇인가를 생각해 보는 거죠. 누군가와 인터뷰를 한다면 그 목적은 상대의 이야기를 듣고 널리 알리는 것이겠죠. 그렇다면 당연히 상대가 무슨 말을 하고 싶은지가 중요합니다. 상대가 세상에 던지고 싶은 말을 잘 끌어내는 것이 최우선 과제이죠.

행사의 사회를 볼 때는 어떨까요? 행사 본연의 의미가 퇴색되지 않고 성공적으로 행사를 마무리하는 것이 목적입니다. 누군가에게 조언을 해야 하는 상황이라면 어떨까요? 당연히 상대에게 필요한 조언을 하는 것이죠. 그렇다면 비난하지 않고 조언만 하면 됩니다. 조언이라는 목적을 잊으면 어느새 비난으로 변질되어 버리죠(이런 경우를 많이 겪어 보았을 겁니다). 이렇듯 그 상황에서 이루어야 할 목적을 잊지 않는 것이 제일 중요합니다.

나와 상대방의 역할을 확인해 보세요

그다음으로 이 상황 속에 있는 사람들의 역할을 생각해 보아야 합니다. 나는 이 상황에서 어떤 역할을 해야 하는가? 저 사람은 어떤 역할을 수행하고 있는가? 스포츠 경기에서도 각 선수들의 역할이 있습니다. 이때 주어진 역할 이상의 것을 하려고 욕심을 내다 보면 결과가 썩 좋지 않은 경우가 대부분입니다. 대화에서도 주어진 역할 이상의 것을 하려다 말실수를 하는 경우가 많습니다. 저는 누군가에게 조언하는 역할을 수행해야 한다면, 딱 필요한 조언만 하려고 합니다. 괜한 설교나 훈계는 하지 않는 것이죠. 제가 어떤 말을 해야 하는 상황이 오면, 그 상황에서 내가 해야 하는 역할, 내가 해야 하는 말을 절대 잊지 않으려고 노력합니다.

상황과 사람을 따로 떼어놓고, 이 상황의 목적이 무엇인지, 이 상황에서 나와 상대방의 역할은 무엇인지 생각해 보세요. 대화를 나눌 때 잠시 숨을 고르고 대화의 TPO, 대화의 목적, 그리고 나와 상대의 역할을 되새겨 보는 것은 어떨까요? 오래 걸리지 않습니다. 조금만 생각해 보면 우리의 대화는 조금 더 섬세하고 우아해질 것입니다. 우리의 말 한마디는 단순한 소리가 아닌 깊은 울림을 주는 메시지로 거듭날 것입니다.

대화의 TPO, 대화의 목적을 상기해 보세요.

그러한 관점에서 나의 역할

그리고 상대의 역할을 되새겨 보세요.

이것이 상황과 사람을 분리하는 첫걸음입니다.

이 습관을 들이면

상대를 불편하게 만드는 실수는

더 이상 하지 않을 거예요.

나아가 우아하게 말할 수 있을 것입니다.

어떤 순간이라도
신뢰를 잊지 마세요

저는 운이 참 좋은 사람입니다. 저의 직업을 사랑하고, 또 자부심을 가지고 있으니까요. 좋아하는 일을 한다는 것은 참 고마운 일입니다. 나아가 많은 사람들이 '말하기'로 자신의 꿈을 세울 수 있도록 돕는다는 것 역시 참으로 보람된 일이고요. 물론 일을 하다 보면 때때로 예기치 못한 어려움에 맞닥뜨리게 되기도 합니다. 예컨대 강사이기 전에 경영인으로서 함께 근무하는 다른 구성원들과 관계를 잘 유지하는 일이 그러하죠. 이번에 들려 드릴 이야기는 다른 사람에게 우아하게 피드백하는 방법입니다.

피드백은 명확하게 하세요

크지 않은 조직이지만 다양한 구성원을 이끄는 리더로서 팀원들과 함께하다 보면 건설적인 피드백을 해야 하는 상황이 생깁니다. 대부분은 상황과 사람을 분리하여 피드백하면 금방 수용되곤 합니다. 현재 이 상황의 TPO는 이러하고, 문제는 저러한데, 당신의 행동은 이러저러한 이유에서 부적합하다 정도로 전달하면 상대방의 기분을 상하지 않게 하면서도 개선방법을 찾을 수 있죠.

물론 늘 성공적인 것은 아닙니다. 가끔은 상황에 대한 이해도가 서로 달라 토론이 벌어지기도 하죠. 이럴 때 조심해야 하는 것이 바로 '말투'입니다. 날이 선 말투, 점점 커지는 목소리는 공격적으로 느껴지거든요. 늘 조용하고 차분한 어조로 이야기하는 것이 좋은데, 상대방이 먼저 공격적으로 나오면 나역시 차분함을 유지하기가 어렵죠. 실제로 저를 찾아오는 많은 직장인들이 토로하는 고민도 이것입니다. 회의에서 아무리 차분하게 이야기하려고 해도 상대방이 먼저 공격적으로 나오면 자신도 모르게 격앙된 태도와 목소리로 말하게 된다는 것이지요.

이럴 때는 어떻게 해야 할까요? 그저 말투일 뿐이니, 참고 넘어가야 할까요? 제가 오랜 시간 작은 조직을 이끌면서 터득한 일종의 대처법을 알려 드릴게요. 어렵지 않게 따라 할 수 있을 거예요.

우선 상대방의 말투가 공격적이라는 것을 알아차렸을 때 일단 한 번은 넘어가 주세요. 순간의 실수일 수 있으니까요. 그렇지만 두 번 이상 반복된다면, 내가 느끼는 점을 명확하게 전달해야 합니다. 예를 들어 "제가 들었을 때 방금 전 말씀하신 부분은 조금 공격적으로 느껴졌습니다"라고 명확하게 짚어 주는 것이죠.

그다음이 중요합니다. 나의 피드백은 사람 자체에 대한 지적이 아니라 말투에 대한 지적임을 확실하게 밝혀야 해요. "이건 당신의 의견이 아니라, 말투에 대한 이야기입니다." 그리고 그 말투로 인해 내가 어떤 영향을 받았는지를 설명해 주세요. "공격적으로 느껴져서 저에게는 상처가 되네요"처럼요.

마지막으로 여전히 상대방을 신뢰하고 있음을 보여주어야 해요. 가령 "하지만 저는 여전히 우리가 더 좋은 대화를 나눌 수 있다고 생각합니다"라고 덧붙이는 것이죠. 제가 알려 드리는 문장을 그대로 사용할 필요는 없어요. 상대방의 말투에 대한 느낌을 언급하고, 그로 인해 내가 받은 영향, 그럼에도 불구하고 좋은 대화를 이어 가고 싶은 마음, 이 3가지를 강조하기만 하면 됩니다.

"제가 들었을 때 방금 전 말씀하신 부분은 조금 공격적으로 느껴졌습니다."

"이건 당신의 의견이 아니라, 말투에 대한 이야기입니다. 공격적으로 느껴져서 저에게는 상처가 되네요."

"하지만 저는 여전히 우리가 더 좋은 대화를 나눌 수 있다고 생각합니다."

이 스피치 기술의 핵심을 눈치채셨나요? 상황과 사람의 발언을 명확하게 분리하는 것입니다. 비록 상대방의 태도와 말투로 인해 일시적으로 상처를 받았지만, 나는 여전히 당신을 존중한다는 메시지를 보내는 것이죠. 상대방 입장에서는 자신의 말투가 누군가에게 상처를 주었다는 사실이 매우 당혹스러울 수 있습니다. 그렇기 때문에 여전히 당신을 존중한다는 메시지를 전달하는 것이 중요합니다. 그래야 상대방은 자신의 실수를 바로잡고 대화를 계속 이어 나갈 수 있다는 안전감이 생기니까요.

상대에 대한 존중을 기억하세요

이러한 접근방식은 단순히 피드백을 주는 상황에만 국한되지 않습니다. 우리가 일상생활에서 마주하는 다양한 대화와 토론에도 적용될 수 있습니다. 예를 들어 가족 간의 갈등을 해결할 때도, 친구와 의견 차이를 좁힐 때도 유용합니다. 중요한 것은 언제나 상대방을 존중하고, 그들의 감정을 이해하려는 노력입니다.

지금까지 상황과 사람을 나누어 접근하는 '분리의 기술'을 설명했습니다. 분리의 기술이 효과를 제대로 발휘하려면 상대에 대한 존중이 있어야 합니다. 상황과 사람을 분리하는 이유는 궁극적으로 우리와 함께 대화를 나누는 사람을 존중하기 위함이라는 것을 잊어서는 안 됩니다.

상대방에게 피드백을 해야 하는데,
상대가 너무 공격적으로 나온다면
다음의 기법을 따라 해보세요.
- 상대방의 말투, 목소리 등이 정말 공격적으로
  느껴지는지 나의 감정을 알아차린다.
- 한 번은 너그럽게 넘어가고
  두 번 이상 반복되면 피드백을 한다.
- 상대의 어떤 점이 공격적으로 느껴지는지
  명확하게 밝힌다.
- 사람 자체가 아니라 말투, 목소리, 태도에 대한
  지적임을 설명한다.
- 내가 어떤 상처를 받았는지, 우리의 대화가 어떻게
  방해받고 있는지를 말한다.
- 여전히 상대를 신뢰하고 존중하며,
  더 생산적이고 건설적인 대화를 기대한다는 말로
  마무리한다.

상황에 맞게
공간을 분리해 보세요

꽤 오래전 TV에서 천재 해커로 알려진 이두희 님의 다큐멘터리를 본 적이 있습니다. 천재들의 성장과정과 양육환경은 어땠는지 이야기하는 상황에서 그의 답변이 사뭇 인상적이었습니다. 그의 어머니는 아들을 혼내야 할 때면 항상 집 앞 카페로 데려갔다고 합니다. 그 이유가 짐작되시나요? 어머니는 집은 언제나 행복한 공간이어야 한다는 믿음을 가지고 있었기 때문이라고 해요. 더불어 공간을 옮기는 과정에서 자연스럽게 감정이 누그러지는 효과도 있고요.

　이 이야기를 들으며 저는 '상황과 공간을 분리하는 것' 역시 우아한 말하기를 위해 필요한 요소라는 깨달음을 얻었습니다.

중요한 대화에 앞서 잠시 멈추고 공간을 바꿔 보세요

'우아한 말하기'란 단순히 아름다운 말을 하는 것을 넘어, 자신이 진짜 하고 싶은 말을 담백하게, 상대를 배려하며 말하는 것이라고 했습니다. 그러나 현실에서 우리는 종종 감정적인 상황에 떠밀려 부적절한 말을 내뱉고 이내 후회하곤 합니다. 특히 가정이나 직장에서 갈등 상황이 발생했을 때, 그 순간 그 자리에서 즉각적으로 반응하다 보면 우아하게 말하기는커녕 관계를 악화시키는 말만 하게 되죠. 이는 우리가 처한 상황과 공간 자체가 우리의 감정과 말하기에 큰 영향을 미치기 때문입니다.

환경심리학 연구에 따르면 우리가 있는 공간은 우리의 감정상태에 직접적인 영향을 준다고 해요. 다시 말하면, 우리가 어떤 공간에서 모종의 계기로 특정한 감정상태가 되었을 때, 그 공간에서 벗어나 새로운 공간으로 이동하면 그 감정상태에서 벗어날 수 있다는 의미입니다.

그렇기에 감정이 격해질 수 있는 상황에서는 먼저 '공간을 분리'하는 것이 큰 도움이 됩니다. 공간을 바꾸는 동안 잠시 숨을 고르고, 감정을 정리할 시간을 가질 수 있기 때문이죠. 이 과정에서 우리는 자연스럽게 우아하게 말할 수 있는 여유를 얻게 됩니다. 궁극적으로 우리가 내면의 '진짜 할 말'을 찾고, 그것을 담백하게 표현할 수 있는 기회를 가짐과 동시에 상대방의 입장을 한 번 더 고려할 수 있는 것이죠.

예컨대 직장에서 동료와 갈등이 생겼다면 즉각적으로 반응하기보다 "잠시 후에 1층 카페로 내려가 이야기를 나눠 볼까요?"라고 제안해 보는 것입니다. 1층 카페로 내려가는 데 길어야 3~4분이겠죠. 그렇지만 나 스스로를 돌아보고 격앙된 감정을 한 차례 잠재우기에 충분한 시간입니다.

이러한 '공간 분리' 기법을 조직문화에 적용하는 기업들도 꽤 많다고 합니다. 가령 예민할 수 있는 피드백 세션을 위한 공간을 별도로 마련해 두는 것이죠. 이러한 지혜를 제 삶에도 적용하려고 노력합니다. 동료 강사들에게 피드백을 해야 할 때면, 지금이 피드백하기 좋은 공간과 상황인지를 먼저 따져 보는 것이죠.

중요한 대화나 어려운 상황에 직면했을 때, 잠시 멈추고 공간을 바꿔 보는 것은 어떨까요? 그 작은 변화가 여러분의 말하기를 한결 더 우아하고 효과적으로 만들어 줄 것입니다. 우아한 말하기는 결국 자신과 타인을 동시에 존중하는 것에서 시작되며, 공간 분리는 이를 위한 훌륭한 도구가 될 수 있습니다.

대화의 공간을 바꾸는 것 역시
훌륭한 분리의 기술입니다.
말이 오가는 공간을 바꿈으로써
여유를 만들고
자신이 말하는 방식을 돌아볼 수 있습니다.
우리는 상황에 맞는
적절한 공간을 선택함으로써
좀 더 우아한 대화를 나누고,
좀 더 나은 관계를 만들어 갈 수 있어요.

3장

명확하게,
정중하게,
자연스럽게
표현하세요

명확하고 간결하게
말하세요

그 친구와의 첫 번째 대화는 썩 만족스럽지 않았습니다. 그리 달갑지 않다는 것이 솔직한 심정이었어요. 많은 사람들이 극찬하는 것을 보고 내심 기대가 컸던 것 같아요. 아 하면 아, 어 하면 어, 척 하면 척 대답하길 기대했는데, 대화가 빙빙 돌며 변죽만 울리는 것 같았어요. 제 기대가 너무 컸던 것일까요? 결국 앓느니 죽자는 마음으로 그 친구와의 만남을 깔끔하게 정리했습니다.

소통이 이렇게 어려워서야 무슨 일을 같이할 수 있겠어요. 그 친구를 마음속에서 떠나보내면서 서로 말이 잘 통한다는 것은 도대체 무엇인지 다시금 생각해 보게 되었어요. 서로 같은 한국어를 쓴다고 해서 전부가 아니라는 걸 다시 한 번 느꼈습니다.

며칠 뒤 스피치 수업을 듣고 싶어 하는 사람들을 위한 새로운 비즈니스 아이디어가 떠올라 저희 학원의 운영을 맡고 있는 실장님께 시장조사를 부탁드렸어요. 대략적인 비즈니스 아이디어만 있을 뿐, 관련 내용을 어디서부터 어떻게 찾아야 할지 조금 막연한 상태였어요. 평소 워낙 합이 잘 맞는 실장님이었기에 알아서 척척 해줄 거라는 생각에 아이디어를 대략적으로 전달했습니다. 몇 시간 뒤 실장님이 보내 온 자료는 제가 기대했던 것과 전혀 달랐어요. 실장님과 대화를 나눠 보니, 제 요청이 너무 추상적이어서 혼란스러웠다고 하더군요.

저는 제가 전달한 요청사항을 다시 한 번 살펴봤어요. 제가 보기에도 두루뭉술하고 추상적인 부분이 있더군요. 그래서 머릿속에 청사진이 완벽하게 그려지는 내용과 모호한 부분을 따로 분리해 다시 정리하고, 그에 따른 요청사항도 명확하게 정리했습니다. 이 과정에서 며칠 전 마음속에서 떠나보낸 그 친구가 떠올랐습니다. 그의 이름은 챗GPT. 영 말이 통하지 않아 답답한 친구였는데, 사실 원인은 저에게 있었던 것은 아닐까요?

대화의 목적을 명확하게 설정하세요

다시 만난 챗GPT와의 대화, 이번에는 달랐습니다. 가급적 목적성이 뚜렷한 질문을 명확하게 던지려고 노력했더니, 돌아오는 답변의 수준이 엄청나게 향상된 것을 느꼈습니다. 빙빙 겉도는 대화가 반복됐던 첫 만남이 무색하게 상당히 통찰력 있고 유용한 정보들이 쏟아져 나왔습니다. 심도 깊은 대화였죠. 그제야 깨달았습니다. 인공지능과의 소통도 사람과의 소통과 별반 다르지 않다는 것을요. 명확하고 간결한 질문이 유용한 답변을 이끌어 내는 것은 불변의 진리인가 봅니다.

우리는 종종 내가 굳이 세세하게 말하지 않아도 상대방이 내 마음을 제대로 읽어 주길 바라지만, 그건 실현 불가능한 욕심일 뿐입니다. 내가 말하고 싶은 대로 말하기보다 상대방이 이해하기 쉽게 말해 주어야 합니다. 챗GPT와의 대화 기술이 점점 중요해지면서 프롬프트를 전문적으로 다루는 프롬프트 엔지니어라는 직업까지 생겼다고 합니다.

그렇다면 스피치 전문가가 바라보는 챗GPT와의 대화 기술을 한번 이야기해 볼게요. 챗GPT와의 대화 기술은 결국 사람과의 대화와 크게 다르지 않습니다. 다시 말해 챗GPT에게도 우아하게 말을 건넬 필요가 있다는 것이죠. 물론 표정이나 눈빛이 없는 챗GPT와 눈을 맞추고, 상호 간의 공간을 만들라는 것은 아닙니다. 우아한 말하기의 기초 중 하나가 '상대방이 듣고 싶은 방식'으로 말하는 것이라고 했죠. 챗GPT도 마찬가지입니다. 그가 이해하기 쉬운 방식으로 질문을 던져야 합니다. 명확하고, 간결하게, 그리고 단계적으로 말이죠. 정중하면 더 좋겠지요. 챗GPT에게 존댓말로 질문을 던지면 답변의 질이 좋아진다는 조언도 있는 것처럼요. 이를테면 다음과 같습니다.

먼저 챗GPT와 대화를 할 때는 대화의 목적을 명확하게 설정해야 합니다. "오늘은 스피치 플랫폼에 대한 시장조사를 하려고 합니다." 그리고 나서 단계적으로 질문을 이어갑니다. "먼저 현재 한국에 있는 스피치 교육 플랫폼의 종류를 알려 주세요." "다음으로, 각 플랫폼의 장단점을 3개씩 선정하여 분석해 주세요." "현재 존재하는 플랫폼에는 없지만, 소비자들이 원하는 핵심 기능을 제안해 주세요."

이렇게 단계적으로 대화를 이어 나가면, 챗GPT 입장에서도 답변하기가 훨씬 수월할 것입니다. 한 번에 하나씩만 이야기하면 되니까요. 저 또한 수강생들에게 스피치를 가르칠 때 최대한 단계적으로 나눠서 접근하고 있습니다. "그냥 자신감 있게 잘 말해 봐요"라고 하는 대신, '우아한 말하기 5원칙'을 단계적으로 하나씩 알려 드리는 것처럼요.

한 번에 하나씩 단계적으로 말해 보세요

인공지능과의 대화를 통해 깨달은 점이 하나 더 있습니다. 간결하고 명확한 질문이란 곧 상대방에 대한 배려와 마찬가지라는 것입니다. 저는 종종 챗GPT에게 질문을 던지고 이렇게 덧붙입니다. "제 생각에 당신이 질문에 답할 때 알아 두면 좋은 내용들은 다음과 같습니다." 구체적으로는 내가 해당 질문을 던지게 된 계기, 해당 질문에 대해 그동안 어떤 생각을 했는지, 이 질문을 던지는 나는 누구인지 등을 덧붙이는 것이지요. 이런 배경 설명을 중언부언하면 오히려 방해가 될 것이니, 아주 간결하고 명확하게 표현해야 합니다. 프롬프트를 구성하는 기본요소 중 하나도 이와 같이 적절한 맥락을 간결하고 명확하게 제공하는 것입니다.

사람과의 대화이든 인공지능과의 대화이든 상대방을 배려하고, 상대방이 이해하기 쉽게 간결하고 명확하게 말을 건네야 합니다. 어떻게 해야 간결하고 명확하게 말할 수 있는지 모르겠다면, 한 번에 한 가지씩만 말한다고 생각해 보세요. 챗GPT에게 말을 건네는 것처럼요. 내가 하고 싶은 말을 쪼개어 한 번에 한 가지만 하는 것, 바로 명확하고 간결한 말하기이자 우아한 말하기의 세 번째 원칙입니다.

간결하고 명확하게 말하세요.

그래야 상대방이 이해하기 쉽습니다.

사람이든 인공지능이든 마찬가지입니다.

간결하고 명확하게 말하는 것이 어렵다면,

일단 하고 싶은 말을 여러 개로 쪼개 보세요.

그렇게 한 다음 단계적으로 하나씩 말을 해보세요.

그걸로 충분합니다.

'하고 싶은 말을 쪼개어 한 번에 하나씩 말한다.'

그것이 간결하고 명확하게

그리고 우아하게 말하는 방법입니다.

불확실한 의심을
확실한 안심으로 바꿔 주세요

여러분은 동경하는 직업이 있나요? 어떤 직업을 보면 '멋있다' '나도 해보고 싶다' 하는 관심이 생기나요? 스피치를 가르치다 보면 다양한 직업을 마주할 기회가 많습니다. 제 직업의 가장 큰 매력 중 하나이지요. 덕분에 제가 모르는 세상에 대해 많이 배우게 됩니다. 병원에서의 언어, 법정에서의 언어, 국회에서의 언어들도 그렇게 배우게 되었습니다.

한번은 비행기 안에서 언어를 다루는 친구들을 만난 적이 있습니다. 바로 하늘 위를 날아다니는 승무원인데요. 승무원을 지망하는 친구들을 대상으로 스피치 코칭을 진행했어요. 단아하고 아름다운 미소로 또박또박 자기소개를 하며 열정을 보여 주려는 친구들과 함께한 시간은 굉장히 특별했어요. 저도 열정의 에너지를 받은 기분이었거든요.

그런데 그날따라 묘하게 신경 쓰이는 점이 있었습니다. 모두 한결같이 '솔' 음정으로 말하더군요. 어떤 질문을 던져도 '솔~', 잠깐 쉬는 시간에 편하게 이야기하자고 해도 '솔~'. 분명히 듣기 좋은 소리인데, 뭐라고 콕 집어 말할 수 없는 어색함이 느껴졌어요.

문득 제가 회사에 다닐 때 CS 교육을 들었던 기억이 떠올랐습니다. 저 역시 '솔~' 톤으로 말해야 듣는 사람이 친절하게 느낀다는 교육을 수차례 받았거든요. 그 친구들 역시 비슷한 교육을 받아서 계속 '솔~' 톤으로 이야기했던 것입니다. 그래서 저는 한 가지 질문을 던졌습니다. "친절이 뭐라고 생각하세요?" 그 전까지는 계속 '솔~' 톤으로 유창하게 답하던 친구들이 갑자기 말문이 막힌 듯 보였습니다.

정확함보다 확실함을 먼저 전달하세요

저는 제가 경험하고 느낀 것들을 그 친구들과 나누고 싶었습니다. 혹여 '라떼는'처럼 들리지는 않을까 걱정하며 조심스레

입을 뗐지요. 저는 "진짜 친절은 의심을 안심으로 바꿔 주는 거예요"라고 말했습니다. 그리고 '솔~' 톤 목소리 하나로는 의심을 안심으로 바꾸기에 역부족이라고 덧붙였습니다. 저 역시 그랬던 것 같습니다. 제 안에 뭔가 일말의 불안함이 남아 있는데, 단순히 '솔~' 톤의 낭랑한 목소리의 대답을 듣는다고 해서 불안감이 사라지지는 않았어요. 내 마음속 불안을 읽고 그것을 명확하게 해소해 줄 때 비로소 진짜 '친절'을 경험했습니다.

예를 들어 비행기를 타다 보면 덜컹거리는 난기류를 만나는 순간이 있습니다. 개의치 않는 승객도 있지만, 불안해하는 승객도 있겠지요. 그럴 때 승무원이 '솔~' 톤의 목소리로 괜찮다고만 하면 승객의 불안이 해소될까요? 한 가지 예를 더 들어 보겠습니다. 식당에서 음식이 늦게 나오는 상황에서 직원이 낭랑한 목소리로 연신 죄송하다고만 하면 친절하다고 느낄까요? 이때 필요한 것은 상황에 대한 명확한 이해, 상황이 일어난 원인, 예상되는 결과, 해결책 등을 정중하고 자연스럽게 전달하는 것입니다. 물론 상황이 너무 복잡해서 무언가를 명확하게 설명하거나, 확실한 답을 줄 수 없는 경우도 있습니다. 이럴 때일수록 정중하고 자연스러운 태도와 말투가 중요합니다. 확실한 답을 줄 수 없다는 사실을 정중하게 전달하고,

그 이유를 명확하게 밝히면 상대방의 불안감은 그대로일지언정 신뢰를 줄 수 있겠죠. 이 이야기를 들은 예비 승무원 친구들은 고개를 끄덕이면서 알 듯 말 듯한 표정을 지었습니다. 명확하고 정중하게 이야기해야 한다는 점은 이해했는데, 그렇게만 하면 친절해 보이는 것인지 의문이 든다고 하더군요.

나의 말이 진짜 친절한 것인지 아니면 친절함을 가장한 것인지 구별할 수 있는 손쉬운 방법이 있습니다. 스스로에게 물어보세요. '내가 지금 불확실한 것을 확실하게 만들고 있는가?' 이 질문에 '예'라는 답이 나온다면, 그 뒤로는 최대한 명확하고 정중하게 이야기하세요. 그걸로 충분합니다. 불확실한 것을 확실하게 만들어 주는 것은 더할 나위 없는 친절입니다.

물론 목소리도 중요하지요. 그러나 목소리 하나로는 의심을 안심으로 바꾸기에 충분하지 않을 때가 많습니다. 상황에 대해 명확하고 정중하게 그리고 자연스럽게 전달하는 것은 언제나 아름다운 목소리보다 우선합니다.

명확하고 정중하고 자연스럽게 말하는 것의
가장 큰 효과는
의심을 안심으로 바꿔 준다는 것이며,
이는 곧 친절의 본질이기도 합니다.
'솔~' 톤의 낭랑한 목소리보다 더 친절한 것은
문제에 대한 명확한 설명과 해결책을
정중하고 자연스럽게 전달하여
불확실한 의심을 확실한 안심으로
바꿔 주는 것입니다.

번호를 붙이며
말해 보세요

저는 종종 인터넷을 뒤적입니다. 페이스북, 인스타그램 같은 소셜미디어도 살펴보고요. 다른 사람들의 생각을 차분히 읽어 보는 건 제법 재미있는 일이니까요. 그런데 언젠가부터 흥미로운 현상이 눈에 띄기 시작했습니다. SNS상에서 글을 쓸 때 문단 앞에 번호를 붙이는 경우가 종종 보이더니, 최근에는 일종의 인터넷 글쓰기 법칙인가 싶을 정도로 눈에 많이 띄었습니다. 예컨대 다음과 같은 형식입니다.

1) 나는 지난 한 주간 진행했던 비즈니스 미팅 내용을 정리하기 위해 노트북을 켰다.

2) 한창 회의록을 만들다 보니 커피가 마시고 싶어 잠시 작업을 중단하고 카페로 향했다.

3) 가려고 했던 카페에 사람이 너무 많아 피치 못하게 다른 카페를 찾아가야만 했다.

    물론 실제로는 이렇게 한 문장마다 번호를 달지는 않고, 대체로 한 단락 단위로 번호가 달려 있었습니다. 이러한 글쓰기는 인터넷상에서의 새로운 규칙이자 새로운 트렌드일까요? 왜 이런 방식이 유행하게 되었을까요? 이것은 아마도 우리가 인터넷상에서 하고 싶은 말을 좀 더 간결하고 명확하게 전달하려는 무의식적인 노력과 시도가 아닐까 생각합니다.

말이든 글이든 간결함을 유지하세요

앞서 계속 살펴보았듯이 간결함은 말하기에서든 글쓰기에서든 공히 정보의 명확성을 보장하는 핵심 요소입니다. 이 간결함을 이해하고자 할 때 우리는 2가지 차원에서 접근할 필요가 있습니다.

    우선 문장 단위입니다. 내가 진짜 말하고 싶은 하나의 '문장'을 둘러싼 여러 가지 수식어구가 많아질수록 하고 싶은 '말'이 무엇인지 흐릿해진다는 것이죠. 간결한 문장이란 어찌 보면 정말 하고 싶은 말만 남아 있는 상태라고 할 수 있습니다.

두 번째는 이야기의 구성입니다. 어떤 말을 한다는 것은 여러 개의 문장으로 구성된 하나의 이야기 덩어리를 전달하는 것입니다. 이런 이야기 덩어리를 잘 전달하려면, 문장 자체가 간결하고 깔끔해야 하는 것은 물론 문장의 순서도 굉장히 중요합니다. 순서가 오락가락, 이랬다저랬다 하면 도통 무슨 이야기인지 알아듣기 어렵겠죠. 이때 문단 앞에 번호를 붙이는 방식은 순서를 명확하게 표기하는 기능을 합니다. 조금 전문적으로 말하자면 내가 전달하고자 하는 말을 구조화하는 것입니다. 결과적으로, 읽는 사람은 이 순서대로 내용을 따라가면 이야기를 쉽게 이해할 수 있습니다.

그런데 이렇게 번호를 붙여 순서를 정리하는 기술은 사실 이야기를 읽는 사람보다 글을 쓰는 사람에게 더 유익합니다. 순서를 정리하는 과정에서 훨씬 논리적으로 글을 쓰게 되죠. 정리하면 다음과 같습니다.

1) 단락 앞에 1, 2, 3 번호를 붙이는 방식은 단락의 순서를 명확히 지시해 준다.

2) 이야기를 구성하는 내용의 순서가 명확하면 읽는 사람이
   이해하기가 훨씬 쉽다.
3) 말하거나 글을 쓰는 사람의 입장에서도 여러 가지 이야기
   를 군더더기 없이 깔끔하게 전달할 수 있다.

이처럼 전달하고자 하는 내용 앞에 번호를 붙여 보았습니다. 줄줄 쓰여진 것보다 훨씬 일목요연하고 간결해 보이지 않나요? 이렇게 글을 써놓고 보니 가독성도 훨씬 좋다는 생각이 드네요.

구태의연한 말이지만, 우리는 정보의 홍수 속에서 살아가고 있습니다. 사람들은 하루에도 셀 수 없이 많은 이야기를 듣습니다. 그런 그들에게 할 말을 효과적으로 전달하려면 간결하고 명확해야겠지요.

SNS상에서 문단 앞에 번호를 붙여 글을 쓰는 현상은 이러한 노력이 가시화된 결과가 아닐까 생각합니다. 여러분들도 무언가 하고 싶은 말이 있는데 스스로 정리가 잘 안 된다면 번호를 붙여 보세요. 하고 싶은 말들의 순서가 바로잡히고, '할 말'의 체계가 점차 수립될 것입니다.

하고 싶은 말이 너무 많아
정리가 잘되지 않을 때는
번호를 붙여 가며 말하고 글을 써보세요.
기왕이면 소리 내어 말하면 더 좋습니다.
"자, 처음으로 해야 하는 말은 ~이야.
그다음 두 번째로 해야 하는 말은 무엇일까?"
이런 식으로요.
번호를 붙여 가는 과정에서
간결하고 명확한 체계를 만들 수 있습니다.

구체적으로
말하세요

취업준비생 A와 B가 오랜만에 만나 술 한잔을 기울이며 이런
저런 이야기를 나누고 있습니다. 즐거운 시간을 보낸 뒤 술값
으로 6만 원이 나왔고, 깔끔하게 더치페이를 하기로 했습니다.
그런데 A가 "내가 만 원 더 낼게"라고 말했는데, 여기서 문제가
생겼습니다. A는 자신이 4만 원을 내고 B가 2만 원을 내는 거라
고 생각했는데, B는 A가 3만 5,000원을 내고 자신이 2만 5,000
원을 내는 거라고 계산한 거죠. 누구의 판단이 맞는 걸까요?

최근 SNS에서 화제가 된 재미있는 이야기인데요, 이 작은
해프닝은 우리의 일상 대화에서 얼마나 많은 오해와 갈등이

생길 수 있는지를 잘 보여줍니다. 우리 모두 이런 경험이 한 번쯤은 있지 않나요? 제가 생각하기에 너무나 당연한 것을 상대방은 전혀 다르게 이해하고 있는 것입니다.

이런 상황에서 우리는 어떻게 해야 할까요? 답은 간단합니다. 대화를 할 때마다 명확한 기준을 세우는 겁니다. A가 "내가 4만 원을 낼게. 너는 2만 원만 내"라고 명확하게 말했다면 이런 오해는 없었겠죠.

명확한 기준을 세우면 오해를 예방할 수 있어요

명확한 기준을 세우는 것은 일상생활보다 업무현장에서 훨씬 더 중요합니다. 프로젝트 마감이 '곧' 다가온다는 말을 들었을 때 팀원들이 각자 다른 시점을 예상한다면 어떨까요? 결과는 뻔합니다. 실제로 한 연구에 따르면, 명확한 의사소통은 팀의 생산성을 크게 향상시키고 스트레스를 줄인다고 합니다. 반면 애매모호한 표현은 대인관계에 부정적인 영향을 미칠 수 있어요. 예를 들어 "보고서를 빨리 제출해 주세요"라는 말은 '빨리'에 대한 기준이 모호하기 때문에 혼란을 야기할 수 있습니다. 대신 "보고서를 내일 오후 3시까지 제출해 주세요"라고 하면 모든 팀원들이 그 시간에 맞춰서 일할 수 있겠지요.

명확한 기준을 세우는 것은 생각보다 어렵지 않습니다. 먼저 자신이 전달하고자 하는 메시지가 무엇인지 정확히 파악해야 합니다. 그리고 그 메시지를 가장 구체적이고 측정 가능한 형태로 바꿔 보세요. "이따 만나자"가 아니라 "오후 3시에 카페에서 만나자"라고 말하는 거죠. 금전적인 문제를 다룰 때는 더욱 신중해야 합니다. "내가 조금 더 낼게"가 아니라 "내가 3,000원 더 낼게"라고 명확히 표현하세요. 이렇게 구체적인 표현을 사용하면 오해의 여지가 줄어들고, 상대방도 어떻게 해야 할지 정확히 알 수 있습니다. 여기에 덧붙여, 내가 생각하는 기준을 상대방도 이해하고 있는지 확인하는 것도 중요합니다. "내 말을 이해하셨나요?" 또는 "혹시 더 설명이 필요한 부분이 있으면 말씀해 주세요"라고 물어보는 것이죠.

명확한 기준을 세우는 습관은 우리의 삶을 더욱 효율적이고 평화롭게 만들어 줍니다. 오해로 인한 갈등이 줄어들고, 서로의 기대치가 명확해지니까요. 물론 처음에는 조금 어색할 수 있습니다. '너무 딱딱하게 구는 것 아닌가?'라는 생각이 들 수도 있지요. 그렇다면 '친절은 의심을 안심으로 만들어 주는 것'이라는 메시지를 떠올려 볼까요? 명확한 건 친절한 것입니다. 명확한 기준은 친절의 궁극이지요.

명확한 기준을 세우세요.

구체적이고 확실한 기준을 세우면

우리의 말은 저절로 명료해지고

서로 간의 오해를 예방할 수 있습니다.

상대방의 호칭을
불러 주세요

'명확하게 말하기' '정중하게 대화하기' '자연스럽게 표현하기'

그 첫걸음으로 굉장히 쉬운 방법이 하나 있어요. 쉽지만 효과만큼은 정말 강력한 방법이랍니다. 그것은 바로 상대의 호칭을 정확히 부르는 거예요. 선생님께는 선생님, 대표님께는 대표님이라고 말이죠.

'자리가 사람을 만든다'는 말이 있습니다. 오래전부터 회자되어 온 말인 만큼 효과는 확실할 테지요. 저는 여기에 한 가지를 덧붙이고 싶어요. 바로 '호칭이 사람을 만든다'는 것입니다.

호칭이 주는 힘을 기억하세요

저는 현재 스피치 학원을 운영하며 수많은 수강생들의 꿈을 실현해 주고 있습니다. 거기에 더해 올인원 면접 플랫폼 스타트업도 운영하고 있는데, 아무래도 더 오래 활동해 온 강사로서의 정체성이 더욱 강합니다. 주변에서도 '선생님'이라는 호칭으로 더 많이 불리고 있고요. 그런데 스타트업을 시작한 이후로 그런 제가 조금 달라졌습니다. 처음에는 '대표님'이라는 호칭을 듣는 것이 너무나 멋쩍고 어색했습니다(사실 지금도 그렇습니다).

저는 더 좋은 스피치 기술을 연구하고, 이것을 널리 알리려는 일환으로 스피치 연습 플랫폼을 만들었을 뿐인데, 대표님이라니 참 과분한 호칭이라는 생각이 듭니다. 그런데 '대표님'이라는 호칭을 계속 듣다 보니 저도 모르게 경영에 대한 책임감이 점점 커지는 것을 느꼈습니다. 늘 변화에 대응해야 하는 스타트업의 대표로서 현재의 경영에 신경 쓰는 것은 물론 미래를 준비해야 하는 것이지요. 호칭이 주는 힘이 이렇게 저의 정체성에까지 영향을 미치고 있습니다.

호칭은 상대를 존중하고 인정한다는 의미예요

"안녕하세요, 선생님." "고맙습니다, 팀장님."

이 말들은 단순히 "안녕하세요"나 "고맙습니다"라고 말하는 것과 어떻게 다를까요? 언뜻 보기에는 몇 글자가 추가된 것뿐이지만, 그 안에는 상대방의 존재를 인정하고 긍정적인 마음을 불러일으키는 강력한 힘이 숨겨져 있습니다. 김춘수 시인의 〈꽃〉이라는 시가 떠오르네요. '내가 그의 이름을 불러 주기 전에는 / 그는 다만 / 하나의 몸짓에 지나지 않았다.' 이 구절처럼 우리는 이름이나 호칭을 통해 서로의 존재를 인정하고 특별한 의미를 부여합니다.

이런 현상이 왜 일어날까요? 과학자들의 연구에 따르면, 우리의 이름이 불릴 때 뇌의 특정 부위가 활성화된다고 합니다. 특히 좌측 전두엽과 중간 전두엽, 그리고 중간 및 상부 측두엽이 활성화되는데, 이는 우리의 자아 인식과 깊은 관련이 있습니다. 결과적으로, 호칭은 우리의 행동에 영향을 미친다는 것이죠. 또 다른 연구에서는 참가자들에게 '유권자'라는 호칭을 사용했을 때, 실제 투표율이 높아졌다고 해요.

이처럼 호칭은 단순한 말 이상으로, 우리의 정체성과 행동을 형성하는 강력한 도구입니다. 그래서 '선생님'이라고 불릴 때는 더 배려 깊고 따뜻한 모습을, '대표님'이라고 불릴 때는 더 책임감 있고 결단력 있는 모습을 보여 주려고 하는 것입니다.

하지만 아직도 많은 사람들이 적절한 호칭의 중요성을 간과합니다. 바쁜 일상 속에서 우리는 종종 상대방의 이름이나 직함을 생략한 채 대화를 나눕니다. "이것 좀 해주세요" "보고서 보냈어요"와 같은 말들이 오가는 사이, 우리는 무언가를 놓치고 있는 건 아닐까요? 이름을 불러 주는 것만으로도 상대방의 주의를 끌고 긍정적인 감정을 유발한다고 하는데, 호칭은 단순한 말 그 이상입니다. 그것은 상대의 존재를 인정하고 존중하는 표식입니다.

우리가 누군가를 어떻게 부르냐에 따라 그 사람의 행동과 태도가 달라질 수 있습니다. 그것은 우리 자신에게도 마찬가지죠. 앞서 제안한 방법들을 하나씩 시도해 보세요. 여러분이 건넨 작은 호칭이 어떻게 상대방을, 그리고 자신을 변화시키는지 직접 경험할 수 있습니다. 이런 작은 노력들이 모여 우리의 일상을 더욱 따뜻하고 풍성하게 만들 수 있습니다. 함께 시작해 볼까요?

상대방의 호칭을 확실하게 불러 주세요.
대화 상대를 존중하고 있다는 것을 보여 주는
가장 효과적이고 가장 쉬운 방법입니다.
이름을 불러 주는 것만으로도
상대방의 주의를 끌고
긍정적인 감정을 유발한다고 합니다.

4장

행동과
실천으로
마무리하세요

말과 행동을
일치시키세요

에듀테크 스타트업을 창업한 그 순간부터 늘 고민했습니다. '어떻게 하면 함께하는 동료들에게 효과적으로 동기부여를 할 수 있을까?' 물론 스타트업 창업 이전부터 학원을 운영한 경험이 있었으므로, 기존의 방법들을 먼저 도입했습니다. 수시로 칭찬하고, 때로는 격려의 말을 건네기도 했죠. 인센티브 제도를 구상해 보기도 했고요. 하지만 오래 지나지 않아 한계를 느끼게 되었습니다. 사람의 마음이라는 게 단순히 인센티브나 칭찬만으로 움직이는 것은 아니니까요.

나 스스로 200% 확신을 갖고 운영하던 학원과는 상황이 다르기도 했습니다. 확신은 있지만 한 번도 가보지 않은 길에 대해 일말의 불안감을 느끼며 나 스스로도 흔들릴 때가 많은데, 하물며 동료들에게 동기부여를 하는 것은 결코 쉽지 않은 일이었습니다.

몇 날 며칠을 고민해도 다른 사람의 마음속에서 일을 잘하고 싶은 욕구, 이른바 동기를 확 끌어낼 수 있는 묘책 같은 것은 없다는 결론만 나올 뿐이었습니다. 그래서 일단은 다른 사람에게 동기부여를 하기에 앞서 내가 할 일을 먼저 하자고 결심했습니다. 묵묵히 내 할 일을 열심히 하기 시작했죠.

아침 일찍 출근해 그날의 스피치 수업을 꼼꼼하게 챙겼고, 수업이 없는 시간이나 업무를 마친 뒤에는 회사의 행정적인 일들을 처리했습니다. 학원과 스타트업의 일이 서로 영향을 주지 않도록 최선을 다했습니다. 제가 2가지 일을 동시에 하고 있으니 동료들 입장에서는 어느 한쪽에 100% 집중하지 못하는 게 아닌가 하는 생각이 들 수도 있다고 판단했거든요. 그래서 촘촘하게 계획을 세우고 실행하며 양쪽 모두의 일을 완벽하게 해내는 모습을 보여 주었습니다.

그리고 내가 개발 부분에 대해 잘 모르는 부분을 이야기하고, 나보다 경험이 많은 동료들에게 모르는 부분은 솔직히 물어봤습니다. 그들의 답변을 귀담아듣고, 경영 부분에서 내가 할 수 있는 일들을 차근차근 해내는 데 집중했죠. 그러자 놀라운 일이 벌어졌습니다. 저는 열심히 하자는 말을 스스로 지켜 나갔을 뿐인데, 동료들도 나를 보고 더 열심히 하게 된 것이었습니다. 말로만 '열심히 합시다'라고 했을 때보다, 행동으로 보여 줬을 때 변화가 일어난 것입니다. 바로 그때, 다시금 느끼게 되었습니다. 말의 힘은 행동으로 증폭된다는 것을요.

로고스, 파토스, 에토스 중 으뜸은 에토스예요

시간이 흐를수록 '말과 행동의 일치'에 대해 보다 깊이 생각하게 됩니다. 대학원에서 아리스토텔레스의 '수사학 3원칙'에 매료되어 깊이 파고들었던 경험이 있습니다. 아리스토텔레스는 말하기의 3가지 요소로 '로고스$_{Logos}$' '파토스$_{Pathos}$' '에토스$_{Ethos}$'를 꼽았습니다.

로고스란 흔히 말하는 이성과 논리입니다. 쉽게 말해 '맞는 말'을 하는 것이죠. 반면 파토스는 감성을 의미하는데, 감동적인 말이라고 생각하면 됩니다. 마지막 에토스는 가장 중요한 요소인데, 신뢰를 의미합니다. 사실 에토스란 메시지가 아닌 메신저와 관련된 요소입니다. 말 자체가 아니라 그 말을 하는 사람을 봐야 한다는 것이죠.

캐나다의 심리학자 조던 피터슨은 삶을 바꾸고 싶다면 청소를 해서 환경을 잘 가꿔야 한다는 메시지를 던진 적이 있습니다. 그런데 언젠가 그의 방이 공개되었는데, 하필 그 순간 방이 굉장히 지저분했나 봅니다. 그것을 보고 많은 사람들이 그를 놀렸지요(물론 인터넷에서 회자되는 유머일 뿐 진지하게 그의 메시지가 잘못되었다는 비난은 아니었습니다).

우리가 사람들의 말과 행동이 일치하기를 기대하는 것은 부정할 수 없는 진실입니다. 매일 오전 11시에 일어나는 사람이 아침 일찍 일어나야 한다고 말하면, 아침 일찍 일어나는 것이 유익하다는 메시지 자체는 이해하지만, 그 사람을 신뢰하기는 어렵지요. 에토스란 그 말을 하는 사람의 평소 품성이라고 할 수 있습니다. 그리고 이 품성은 행동으로 나타나게 되지요.

말하기의 마침표는 행동으로 찍어 주세요

사람들은 누구나 자신의 말에 책임을 져야 합니다. 책임을 진다는 것은 행동으로 보여준다는 것입니다. 말과 행동이 다른 사람의 말은 믿을 수 없으니까요.

저와 친한 친구가 스타트업 투자 피칭 대회에 참관했다고 해요. 그날 발표한 스타트업 중 하나가 의자에 앉은 사람의 자세를 교정해 주는 스마트 의자를 개발했다고 합니다. 센서를 통해 앉은 사람의 자세를 감지하고, 잘못된 자세를 교정하도록 신호를 보내 주는 혁신적인 제품이었죠. 그런데 문제는 그 제품을 발표하는 대표의 자세였습니다. 놀랍게도 그 대표는 발표 내내 의자에 삐딱하게 앉아 있었다고 해요. 친구는 그 모습을 보며 뭔가 앞뒤가 맞지 않다고 느꼈다는 겁니다.

이 이야기는 에토스의 중요성을 잘 보여줍니다. 아무리 혁신적인 제품을 개발했다 하더라도, 그것을 발표하는 사람의 모습이 제품의 가치와 일치하지 않으면 신뢰를 얻기 어렵습니다. 바른 자세의 중요성을 강조하는 제품을 소개하면서 정작 발표자의 자세가 바르지 않다면, 그 제품에 대한 신뢰도는 떨어질 수밖에 없겠지요.

실제로 한 연구에 따르면, 리더의 행동이 말과 일치할 때 조직 구성원들의 신뢰도와 성과가 크게 향상된다고 합니다. 이는 단순히 업무 성과뿐만 아니라 조직의 분위기, 구성원들의 직무 만족도, 나아가 이직률에까지 영향을 미친다고 합니다. 말과 행동의 일치, 즉 리더의 에토스가 조직의 성패를 좌우할 만큼 중요하다는 뜻이죠.

이는 직장뿐만 아니라 우리의 일상생활에서도 마찬가지입

니다. 부모와 자녀 관계에서도 '말과 행동의 일치'는 매우 중요합니다. 심리학자들은 부모가 약속을 지키는 모습을 보여줄 때, 아이들이 더 안정감을 느끼고 신뢰를 쌓는다고 말합니다. "거짓말하면 안 돼"라고 말하면서 정작 부모가 사소한 거짓말을 한다면 아이들이 어떻게 생각할까요? 친구 관계도 마찬가지죠. "친구와의 약속은 꼭 지켜야 해"라고 말하면서 정작 본인은 약속을 어기는 사람을 신뢰하기 어렵습니다.

그렇다면 우리는 어떻게 해야 할까요? 생각보다 간단합니다. 지킬 수 없는 말은 하지 말아야 합니다. 그리고 한번 뱉은 말은 어떻게든 지키려고 노력해야겠지요. 결국 우리의 말은 우리의 행동을 통해 생명력을 얻습니다. 말과 행동이 일치할 때, 우리는 진정한 의미의 소통을 할 수 있고, 신뢰받는 사람이 될 수 있습니다.

작은 것부터 실천해 보는 건 어떨까요? 말하기 전에 한 번 더 생각해 보고, 자기가 한 말은 꼭 지키는 습관을 들여 보세요. 약속시간에 늦지 않기, 거짓말하지 않기, 할 수 있는 만큼만 약속하기 등 작은 것부터 시작해 보세요. 말하기의 마침표를 행동으로 찍는다고 생각해 보세요. 나의 말이 갖는 무게가 그 어느 때보다 무겁게 느껴질 것입니다.

로고스, 파토스, 에토스 중 으뜸은 에토스입니다.
내가 말하는 그대로 행동할 때
그 말은 비로소 강력한 힘을 갖습니다.
말하기의 마침표는 행동으로 찍으세요.
저절로 주변 사람을 움직이는 힘을 갖게 될 겁니다.

신뢰가 쌓일수록
더 좋은 대화가 이어져요

'우아하게 말하는 것'이 왜 중요할까요? 지금까지 우아하게 말하기 위한 여러 가지 방법, 마음가짐, 태도를 살펴보았습니다. 여기서 잠깐 우리의 시야를 넓혀 볼까요? 말하기에는 늘 상대가 있습니다. 듣는 사람 없이 혼자 아무리 아름답고 설득력 있게 말한들 공허한 외침일 뿐이지요. 요컨대 우아하게 말하겠다는 것은 상대와 보다 좋은 대화를 하겠다는 결심입니다. 그렇기에 이번에는 '좋은 대화', 즉 말의 상호작용에 대해 알아보고자 합니다.

좋은 대화는 어떻게 만들어질까요? 좋은 대화를 만드는 요소는 여러 가지가 있겠지만 가장 근본적인 것은 역시나 상호

간의 신뢰입니다. 상대와의 대화가 나에게 도움이 될 것이라는 신뢰, 상대가 나를 아끼는 마음으로 이야기하고 있다는 신뢰, 상대가 나를 평가하고 판단하기보다 있는 그대로 수용해 주리라는 신뢰가 있을 때 우리 사이의 대화는 더욱 좋아질 것입니다. 그렇기에 말하기의 마침표를 찍는 행동에는 상대방을 신뢰하는 마음이 담겨 있어야 합니다.

나와 대화를 나누는 상대방을 신뢰하세요

영어에는 'Benefit of the doubt'라는 표현이 있습니다. 확실한 증거가 없을 때는 일단 상대방을 믿어 주자는 뜻입니다. 이 표현을 처음 들었을 때는 의미가 단번에 이해되지 않았어요. 의심하는 행동이 어떻게 혜택, 즉 좋은 것이 될 수 있을까요?

이 표현의 유래는 19세기 영국의 법률용어로 거슬러 올라갑니다. 여기서 'benefit'이란 유리한 판결을 뜻하고, 'doubt'는 의심이 남아 있는 상황을 의미합니다. 그래서 '의심이 남아 있는 상황에서는 그 사람에게 유리한 판결을 한다'는 뜻이죠. 법정에서 배심원은 피고인이 유죄임을 입증할 명확한 증거가 없을 때, 피고인에게 유리한 판결을 내리는 원칙이 있다고 합니다. 곰곰이 생각해 보니 참 멋진 말인 동시에 우리가 대화를 할 때 반드시 갖춰야 할 태도라는 생각이 듭니다. 대화를 나눌 때는 일단 상대방을 믿어 주어야 하지 않을까요?

상대방을 현명하게 믿어 보세요

"아, 미안해요. 갑자기 차가 너무 막혀서요." 회의에 늦은 동료가 이렇게 말한다면 어떤 반응을 보일까요? 의심의 눈초리를 보낼까요, 아니면 그저 고개를 끄덕일까요? 우리는 종종 타인의 말과 행동을 의심하곤 합니다. 그러나 한 번쯤은 상대방을 신뢰하고 긍정적으로 판단하는 아량을 보여 주면 어떨까요? 신뢰를 행동으로 보여주는 것, 그것이 바로 우아한 말하기의 진정한 마침표입니다.

　대화를 나누는 상황에서는 'Benefit of the doubt'가 구체적으로 어떤 행동일까요? 일단 상대방의 말을 중간에 끊지 않고 끝까지 경청하는 것입니다. 그리고 상대방의 말을 듣는 동안 내 안에서 즉각적으로 일어나는 판단은 유보할 필요가 있습니다. 무엇보다 중요한 것은 상대방이 분명히 선의와 긍정적인 의도를 가지고 있다고 가정하는 것입니다. 일견 부정적으로 느껴지는 것, 가령 거짓말을 하는 것처럼 느껴지더라도 속단하지 말고 상대방에게 조심스럽게 질문하면 됩니다.

'Benefit of the doubt'를 실천하는 것은 중요합니다. 앞서 말한 대로 좋은 대화를 위한 신뢰를 쌓을 수 있는 행동이니까요. 그러나 무조건적인 신뢰는 때때로 위험할 수 있습니다. 이럴 때 생각해 봐야 하는 것이 신뢰의 크기입니다. 신뢰는 시간이 지나면서 자연스럽게 형성되는 것입니다. 잘 이해가 안 되는 부분이 있다면 무조건 믿어 버리거나 또는 무작정 부정적으로 판단하지 말고 그 중간 어딘가에서 판단을 유보한 채 신뢰가 더 자라날 때까지 기다리는 것이죠. 이런 식으로 상대방을 존중하면서도 자신을 보호하는 균형을 잡아가야 합니다.

신뢰는 서서히 쌓이는 법입니다. 처음엔 작은 신뢰로 시작해서, 시간이 지날수록 점점 더 큰 신뢰를 보내는 것이죠. 또 하나 중요한 것은 우리의 직감을 무시하지 않는 거예요. 머리로는 이해가 가는데 가슴이 쿵쿵 뛰며 경고를 보내는 경우가 있습니다. 그럴 때는 그 느낌에 귀 기울여 보는 것도 좋습니다.

결국 우아하게 말한다는 것은 상대방을 현명하게 믿는 거예요. 마치 높은 곳을 걸어갈 때 조심스럽게 한발 한발 내딛는 것처럼, 신중하게 그리고 지혜롭게 신뢰를 보내는 것이죠. 그렇게 할 때 차츰차츰 더 좋은 대화로 확장될 것입니다.

말하기의 마침표는 행동으로 찍어야 합니다.
그 행동 중 가장 중요한 것은
나와 대화를 나누는 상대방을 신뢰하는 거예요.
상대와 나 사이에 신뢰가 쌓일수록
더 좋은 대화를 나눌 수 있습니다.

말하기 전에
잠깐만 참아 보세요

"어머, 아직도 결혼 안 했어?"

"애는 언제 가질 거야?"

"언제 취업해?"

"이제 자리 잡아야지!"

이런 말들, 한 번쯤 들어 보셨나요? 혹은 무심코 내뱉은 적은 없나요? 일부러 상대방을 불편하게 만들려고 하는 사람은 분명 없겠지만, 우리는 무심결에 상대방을 불편하게 만드는 말을 내뱉곤 합니다. 때로는 '일침'을 가하고 싶은 충동에 사로잡히기도 하죠.

이번에는 '하지 말아야 할 말'에 대해, 그리고 '하지 말아야 할 말을 참는 것의 중요성'에 대해 살펴보겠습니다. 때로는 하고 싶은 말을 참는 행동이 우아한 말하기를 완성한다는 이야기입니다.

말하기에 앞서 잠깐만 멈춰 보세요

'일침병'이라는 말이 있습니다. 상대방의 약점을 정확히 찔러 한 방 먹이고 싶은 순간, 우리 안의 작은 악마가 속삭이죠. '저 사람은 좀 깨우쳐 줘야 해!' 이런 충동은 소위 '막말'로 이어지는 경우도 많고, 상대방에게 상처를 남기게 됩니다. 이러한 말을 뱉은 당사자는 그저 농담이라거나, 아니면 진심 어린 조언이었다고 항변하지요. 그러나 가장 우아하지 못한 말하기 중 하나가 내가 하고 싶은 말을 상대방이 원하는 방식과 무관하게, 그저 나에게 익숙한 방식으로 말하는 것입니다. 이처럼 '일침'이 '일침병'이 되는 순간이 배려가 부족한 경우입니다.

영화 〈스파이더맨〉에 명대사가 하나 나옵니다. "큰 힘에는 큰 책임이 따른다." 저는 이 명대사를 조금 비틀어 보고 싶어요. '말에는 큰 책임이 따른다'라고요. 내가 하고 싶은 말이 꼭 내가 해야 할 말은 아니라는 겁니다. 내가 하고 싶은 말은 어쩌면 때와 장소 그리고 상대의 사정에 따라서는 하지 말아야 할 말일 수도 있습니다. 그러나 말의 유혹이란 참 강력합니다. 말을 하면 심리적으로 쾌락을 느끼는 뇌의 부위가 자극된다고 합니다. 그러니 말을 하고 싶은 유혹과 충동이 얼마나 강력할까요?

그럼에도 불구하고 나쁘게 말하고 싶은 유혹, 강한 일침을 놓고 싶은 충동을 잠시 참아 보면 어떨까요? 심리학에는 '반응지연Response Latency' 기법이라는 것이 있습니다. 즉각적인 반응을 지연시켜 더 나은 의사결정을 하는 방법입니다. 예를 들어 누군가의 외모에 대해 언급하고 싶은 충동이 들 때, 5초간 멈추고 그 말의 필요성에 대해 생각해 보세요. 또는 친구의 연봉을 물어보고 싶을 때, 잠시 그 질문이 적절한지 고민해 보는 겁니다. 작은 멈춤의 순간들이 우리의 관계를 보호하는 방패가 될 수 있습니다.

더 나아가 이 기법은 우리의 감정을 조절하는 데에도 도움을 줍니다. 화가 났을 때 즉각적으로 반응하는 대신, 잠시 숨을 고르고 상황을 객관적으로 바라보는 시간을 가져 보세요. 이를 통해 우리는 조금 더 냉철하고 합리적인 대응을 할 수 있습니다. 또한 이 기법은 일상생활에서도 쉽게 활용할 수 있습니다. 예를 들어 이메일을 보내기 전에 5분간 생각해 보거나, 중요한 결정을 내리기 전에 하루 정도 시간 여유를 가져 보는 겁니다. 이러한 작은 실천들이 모여 우리의 의사소통 방식을 더욱 성숙하고 사려 깊게 만들어 줄 거예요.

오늘 하루 참았던 말을 기록해 보세요

말을 잘하는 것은 훈련의 결과입니다. 우리는 책을 읽고, 강연을 듣고, 연습을 통해 말하기 실력을 향상시킬 수 있습니다. 그러나 하지 말아야 할 말을 잘 참아내는 것은 의지의 결과입니다. 이는 단순한 기술이 아니라 인격의 문제이며, 자기통제력과 깊은 관련이 있습니다. 일침을 가하고 싶은 순간, 상대의 사생활을 캐고 싶은 충동, 부적절한 농담을 하고 싶은 욕구 등이 모든 순간에 우리는 '선택'을 할 수 있습니다. 말을 내뱉을 것인가, 아니면 참을 것인가? 하지 말아야 할 말을 참는 것은 어렵지만 그만큼 가치 있는 일입니다. 이는 상대방을 존중하는 태도이며, 동시에 자신의 품격을 높이는 길입니다.

오늘부터 하루에 한 번, 하고 싶었지만 참았던 말이 있다면 그것을 기록해 보세요. 그리고 그 대신 어떤 긍정적인 말을 하

면 좋을지 고민해 보세요. 하고 싶은 말을 자제하고 참는 것,
즉 아무 말도 하지 않는 행위가 때로는 우리의 말하기를 우아
하게 만들어 줍니다.

나쁘게 말하고 싶은 유혹을 꾹 참아 보세요.

하지 말아야 할 말을 참는 것이야말로

더 우아하게 말하기 위한 필수적인 행동입니다.

조금은 아이러니하지요?

좋은 말을 건네는 데는 훈련이 필요하지만,

나쁜 말을 참는 데는 의지가 필요합니다.

다시 말하자면,

특별한 기술이 필요하지 않다는 뜻입니다.

5장

비언어로
환대하세요

상대를 온몸으로
맞아 주세요

지금은 종영한 프로그램 〈무한도전〉의 여러 에피소드 중 '무한도전 가요제'를 좋아했습니다. 그중 가장 기억에 남았던 것은 정재형 뮤지션이 출연했을 때였어요. 그 당시 정재형은 모두의 예상을 깨고 정형돈을 파트너로 선택했고, '순정마초'라는 명곡을 남겼습니다. 그런데 얼마 전 그의 유튜브 채널을 보면서 흥미로운 비하인드 스토리를 알게 되었어요. 정형돈이 정재형에게 그때 왜 본인을 파트너로 선택했냐고 물어봤는데, 정재형의 대답이 사뭇 놀라웠어요. 바로 '발을 꼼지락대고 있는 모습' 때문이었다는 겁니다. 그 당시 촬영 현장에서 정재형은 너무 쑥스럽고 어색해서 발을 꼼지락거리며 서 있었는데, 반대편에서 정형돈이 똑같은 모습으로 서 있었다고 합니다. 그 모습을 보면서 '왠지 저 친구랑 해야겠다'는 생각이 들었다는 겁니다. 예능적 언어가 난무하는 현장에서 발을 꼼지락거리며 서 있는 모습에서 서로 잘 맞을 것 같다는 느낌을 받았던 것이죠. 그 결과 그들은 그해 '무한도전 가요제' 최고의 커플이 되었습니다.

이처럼 서 있는 자세, 발을 꼼지락거리는 모습, 고개를 까딱이는 모습, 늘어뜨린 손의 위치 등을 통틀어 '비언어적 요소'라고 합니다. 말로 잘 표현되지 않는 우리의 몸짓, 표정 같은 것들을 말하는데, 정재형이 정형돈을 선택하게 된 것도 비언어적 신호가 한몫한 것이지요.

말과 행동이 다를 때는 행동을 먼저 보세요

말하기를 배울 때 비언어적 신호와 관련해 한 번쯤 듣는 법칙이 있습니다. 바로 UCLA 명예교수인 심리학자 앨버트 메라비언이 발표한 '메라비언 법칙'입니다. 이것은 개인의 인상이나 호감을 결정하는 데 있어서 말의 내용은 오직 7%밖에 영향을 끼치지 않지만, 몸짓언어는 55%, 목소리 톤은 38%나 영향을 끼친다는 내용입니다. 대화의 현장에서 상대방에게 좋은 인상을 남기는 요소 중 93%가 비언어적 요소라는 것이죠. 이 내용은 굉장히 널리 인용되고 있고, 우리 모두 비언어적 요소의 중요성을 경험으로 알고 있기 때문에 별다른 이견이 없습니다.

그러나 우리가 누군가의 메시지를 수용할 때는 그 맥락과 주요 내용을 모두 살펴볼 필요가 있어요. '메라비언 법칙'의 핵심은 특정한 메시지를 전달할 때 언어적 요소와 비언어적 요소가 서로 불일치할 경우 비언어적 요소의 영향이 크다는 사실입니다. 쉽게 말해 긍정적인 언어를 부정적인 태도로 말할 때 우리는 그 언어를 부정적으로 받아들인다는 겁니다. 즉, 말과 태도가 모순될 때 우리는 보여지는 태도에 더 많은 영향을 받는다는 것이죠.

예를 들어 "밥을 잘 챙겨 먹어야 건강하지"라는 긍정적인 말을 삐딱한 자세, 날 선 목소리, 짜증스러운 투로 얘기한다면 상대가 자신을 걱정해서 하는 말이라고 생각하지 않을 거예요. 그저 짜증을 낸다고 생각하겠지요. 반면 "너 때문에 미쳐, 정말" 이런 말도 환하게 웃으면서 경쾌하게 말하면 상대가 정말 나 때문에 큰 스트레스를 받고 있다고 생각하지 않을 겁니다.

비언어적 요소와 언어적 요소가 얼마만큼 중요한지 수치로 따지는 것은 의미가 없습니다. 긍정적인 메시지를 전달하고 싶을 때는 비언어적 요소도 긍정적으로 보여야 한다는 것, 즉 말의 내용과 말하는 태도가 일치해야 한다는 것입니다.

긍정적인 인상을 만드는 비언어적 요소를 사용해 보세요

그렇다면 긍정적인 비언어적 요소란 무엇일까요? 우리는 사실 그중 제일 중요한 것을 이 책의 서두에서 살펴봤습니다. 눈을 맞추고 상대방에게 충분한 공간을 내주는 것입니다. 그 외에도 걸음걸이, 반듯한 자세, 차분한 손짓 등이 모두 긍정적인 인상을 만드는 비언어적 요소입니다.

비언어적 요소를 갖추는 방법은 우선 어깨를 몇 번 털고 크게 호흡하는 겁니다. 심호흡을 몇 번 하면 몸이 자연스럽게 이완되며 차분해지지요. 어깨를 몇 번 터는 과정에서 움츠러든 어깨도 펴지고 몸이 바깥으로 열리며 자세도 반듯해집니다. 또 호흡을 하는 과정에서 긴장은 사라지고 여유를 되찾을 수 있고요. 손을 이리저리 움직이는 경우도 있습니다. 다만 손짓은 적절하게 활용하면 대화의 집중도를 높일 수 있지만, 과하면 산만해 보일 수 있습니다. 이 역시 호흡을 함으로써 손동작도 어느 정도 자제할 수 있습니다.

비언어적 요소에 대해 이야기할 때 반드시 강조하고 싶은 것이 있습니다. 내가 상대방에게 비언어적 신호를 보내는 것 못지않게 상대방의 비언어적 신호를 주의 깊게 관찰하고 이에 반응하는 것이 중요합니다. 마치 정재형이 자기와 같이 발가락을 꼼지락거리는 정형돈을 유심히 쳐다보고 선택한 것처럼요. 비언어적 신호를 예리하게 알아채는 데는 많은 훈련이 필요합니다. 하지만 그 시작은 상대방에 대한 관심입니다. 눈빛이 어떠한지, 손과 발의 자세는 어떠한지 정도만 잘 살펴봐도 어느 정도 짐작할 수 있습니다.

때로는 말하지 않아도 느껴지는 것들이 있습니다. 다음에 누군가와 대화를 나눌 때, 잠시 멈추고 상대방의 몸짓과 표정을 관찰해 보세요. 대화가 한층 더 깊어질 거예요. 그리고 자신의 표정, 몸짓, 목소리, 심지어 옷매무새도 점검해 보세요. 대화를 나누는 상대방의 눈을 적절히 마주치고, 몸을 약간 앞으로 기울이는 작은 행동으로 관심과 존중을 전달하는 것도 좋은 방법입니다.

말하지 않아도 통하고 연결되는 것, 우리 모두가 원하는 소통 아닐까요?

메라비언 법칙의 핵심은
말의 내용과 말하는 태도가
일치해야 한다는 것입니다.
아무리 긍정적인 메시지라도
부정적인 태도로 전달하면
부정적으로 받아들여질 테니까요.
그리고 상대가 어떤 비언어적 신호를 보내는지
눈여겨보세요.
말하지 않아도 느껴지는 것들을 통해
서로의 마음이 연결됩니다.

듣기 좋은 목소리를
연습하세요

예전에 〈알쓸신잡〉이라는 프로그램에서 가수 김광석에 대한 이야기가 나왔습니다. 한 출연자가 유희열에게 김광석의 노래가 오랜 세월이 지나도록 대중들의 사랑을 받는 이유가 무엇인지 질문했습니다. 유희열은 일말의 망설임 없이 바로 대답했습니다. '목소리.' 그는 가사도 좋고 멜로디도 좋지만 결국 가수의 표정을 담고 있는 것은 다름 아닌 목소리라고 말했습니다. 김광석의 노래가 세대를 넘어 길이길이 남는 힘은 바로 '목소리'라는 것이죠.

며칠 뒤 이 이야기를 친구에게 들려주었는데, 예상치 못한 반응이 돌아왔습니다. "그거 너무 억울한 거 아냐? 목소리는 타고나는 거잖아. 그럼 시대를 초월해 기억될 가수들은 정해져 있다는 게 아닐까?" 충분히 그렇게 생각할 수 있을 듯합니다. 그런데 저는 개인적으로 타고난 목소리를 그대로 가지고 살아가는 사람은 많지 않다고 생각합니다. 물론 남자로 태어난 사람이 훈련을 한다고 해서 여자 목소리가 되지는 않지만, 목소리는 훈련에 따라 그리고 관리에 따라 충분히 다듬을 수 있습니다. 그렇지 않다면 사춘기에 변성기를 맞은 아이들에게 목을 아껴 쓰고 관리를 잘해야 한다고 말할 필요도 없겠죠.

목소리가 좋은 사람을 보면 흔히 '발성'이 좋다고 말합니다. 맞습니다. 발성을 조절함으로써 목소리가 부드러워지기도 하고 단단해지기도 합니다. 발성이 올바르지 않으면 목소리가 쥐어짜듯 나오거나 기어들어 가는 듯한 목소리가 나와 상대가 쉽게 알아듣기 어렵습니다. 물론 목소리를 바꾸는 요인은 꼭 발성만 있는 것은 아닙니다. 발음도 중요하고 호흡도 중요하죠. 여러 가지 요인이 있지만, 이번에는 듣기 좋은 목소리를 만드는 효과적인 방법들을 핵심만 간추려서 설명하고자 합니다.

3P 호흡법을 사용해 보세요

우선 목소리를 다듬는 데 가장 효과적이면서 기본적인 훈련법은 바로 '호흡'입니다. 호흡은 목소리의 연료이기 때문입니다. 연료가 없으면 자동차가 달릴 수 없듯이 호흡이 부족하면 목소리는 힘 있게 퍼져 나가지 못합니다. 현대인들은 가슴으로 호흡하는 경우가 대부분인데, 힘 있는 목소리를 위해서는 횡격막(배와 가슴 사이를 분리하는 근육)을 아래로 내려 깊게 호흡해야 합니다.

그럼 여기서 제가 즐겨 사용하는 3P 호흡법을 알려 드릴게요. 3P 호흡법은 이름처럼 3단계로 구성되어 있는데, 숨을 'Pull' 'Press' 그리고 'Push' 하는 것입니다. Pull은 호흡을 배 아래쪽까지 쭉 당기는 것입니다. 그다음에 Press는 쭉 당긴 호흡을 배 아래쪽으로 다시 눌러 준다고 생각하세요. Push는 호흡을 몸 밖으로 밀어내는 것입니다.

먼저 자연스럽게 숨을 들이마시고 내쉬는 연습을 시작하세요. 그다음, 배꼽까지 공기가 채워진다는 느낌으로 천천히 호흡해 보세요. 이 훈련을 통해 숨을 들이마실 때 배가 볼록해지는 것을 느낄 수 있습니다. 우리가 숨을 마시면 우리 몸의 횡격막이 아래로 내려가는데, 횡격막이 1cm 내려가면 약 350ml

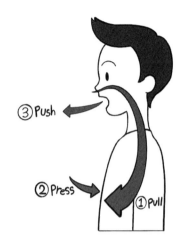

의 호흡이 더 채워집니다. 반면 공기가 들어올 때는 밖으로 나가려는 힘이 커지므로 평소처럼 가슴으로 호흡하면 어깨나 가슴이 들뜨며 자세가 무너질 수 있습니다. 따라서 횡격막을 아래로 내린 상태에서 숨을 한 번에 내뱉지 말고 잠시 멈췄다가 천천히 내보내는 훈련을 해야 합니다.

목소리 훈련을 반복적으로 해보세요

3P 호흡법을 통해 목소리의 연료를 충분히 충전할 수 있습니다. 이를 자동차 운전에 비유해 볼게요. 연료가 충분하다면 이

제는 안전하게 운전하는 것이 중요하겠지요. 목소리 훈련도 마찬가지입니다. 숨을 가득 채운 목소리를 잘 내보내는 기술이 필요한데, 그것이 바로 발성입니다. 주요 기술로는 음도 기법, 완급 기법, 멈춤 기법이 있습니다.

음도 기법은 목소리의 높낮이를 조절하여 강조하는 방법입니다. 완급 기법은 말하기 속도를 조절하여 강조와 주의 환기를 하는 기술이죠. 멈춤 기법은 강조하고 싶은 단어 앞에서 살짝 쉬었다 말하는 것입니다.

이러한 기술들을 잘 활용하면 말의 전달력을 크게 높일 수 있습니다. 예를 들어 중요한 내용을 말할 때는 속도를 늦추고, 덜 중요한 내용은 빠르게 말하는 식으로 완급을 조절할 수 있습니다. 여기서 주의할 점은 자신이 강조하려는 부분을 보다 빠르게 또는 느리게, 더 높게 또는 낮게 변화를 주는 것입니다.

다음 문장을 한 번 읽어 보세요. 여기서 포인트는 어미를 둥근 포물선처럼 읽는 것입니다.

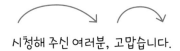

시청해 주신 여러분, 고맙습니다.

처음에는 잘 안 되는 것이 당연하니, 몇 차례 더 연습해 보세요. 상승조는 따뜻한 인상을 주고, 하강조는 전문성을 강조하는 소리의 모양입니다. 상승조와 하강조를 결합한 둥근 곡선의 말투는 따뜻함을 주는 동시에 전문성, 신뢰감을 전달할 수 있습니다. 아나운서들의 자신감 있는 모습에 여유 있어 보이는 말투의 비밀이 바로 이것입니다. 전문성을 보여 주되, 여유 있고 따뜻한 인상을 남기고 싶다면 꼭 연습해 보세요.

에너지를 효율적으로 활용하며 전달력을 높이는 '강세' 활용법도 알려 드릴게요. 다음 문장을 한 번 읽어 보세요.

안녕하세요. **반**갑습니다. **고**맙습니다.

'안, 반, 고' 세 글자에 강조 처리가 되어 있지요. 문장의 첫 글자에 강세를 주며 말한다고 생각해 보세요. 이 기술은 말의 속도나 강세가 일정한 사람들에게 특히 효과가 있습니다. 에너지를 효율적으로 활용하면서 정확하고 똑 부러지는 느낌을 줄 수 있어요.

간단히 복습해 볼게요. 목소리 다듬기의 기초는 무엇보다 호흡입니다. 그런데 폐로 호흡하는 가슴호흡이 복식호흡에

비해 쉽기 때문에 의식하지 않으면 자연스럽게 가슴호흡을 하게 됩니다. 하지만 가슴호흡만으로는 제대로 된 말의 동력을 얻기 어렵습니다.

Pull, Press 그리고 Push! 목소리의 연료를 만드는 3P 호흡법으로 목소리를 다듬어 보세요. 그리고 상승조와 하강조를 결합한 둥근 포물선 기술, 첫 글자 강세 기술을 적용해 보세요. 몇 차례만 반복해 보면 누구나 금방 익힐 수 있는 기술이지만 그 효과는 매우 강력합니다.

타고난 음색은 마치 손가락의 지문 같아서 개인의 고유한 이미지를 만들고, 목소리를 듣는 것만으로도 누구인지 쉽게 식별할 수 있습니다. 선천적인 목소리를 드라마틱하게 바꾸는 것은 어렵지만, 탄탄한 호흡, 올바른 발성, 적절한 어조와 강세의 변화만으로 말하기도 편하고 다른 사람도 듣기 좋은 목소리를 낼 수 있습니다.

'논리적 전달력을 강화하는 목소리 기법'

호흡을 들이마실 때는 자세가 중요한데,
불필요한 긴장을 빼야 합니다.
그렇기에 온몸의 큰 근육들을
이완시키는 것이 중요해요.
어깨도 탁탁 풀고,
구부정한 자세도 바로 편 상태로
숨을 크게 들이마십니다.
목소리를 낼 때는 복부와 명치에 힘을 주며
숨을 내쉬어야 멀리까지 전달됩니다.
어조와 강세는 조금만 변화를 주어도
크게 달라질 수 있습니다.

밝은 표정으로
이야기하세요

마침내 '우아한 말하기 5원칙'도 거의 끝을 향해 달려갑니다. 조금만 더 힘내 주세요! ☺ 이번 장에서는 말하기의 비언어적 요소 중 표정 언어에 대해 알아보고자 합니다. 이 책에서 처음으로 표정을 담은 이모지를 써보았습니다. 여러분은 누군가에게 메시지를 보낼 때 이모지를 많이 사용하나요? '알겠어' '확인했어' 이렇게 텍스트로만 구성된 메시지는 왠지 모르게 조금 딱딱하고 차갑게 느껴지는 것이 사실입니다. 반면 '알겠어 ☺' '확인했어 ☺'라고 이모지를 넣으면 훨씬 친근하게 느껴지지요.

이모지는 디지털 세상 속 우리의 표정입니다. 얼굴을 직접 보기 어렵고, 목소리를 직접 듣기 어려운 디지털 세상에서 메시지에 다채로움을 더해 줍니다. 디지털 표정에는 꼭 이모지만 있는 것이 아닙니다. '~' 표시로도 표정을 연출할 수 있습니다. 어린 친구들은 절대 쓰지 않는 것 중 하나가 '~' 표시라고 하지만 텍스트 뒤에 물결 기호가 붙어 있으면 말투가 한결 부드럽게 느껴지고 뭔가 여운이 남는 것 같기도 합니다. 이렇게 생각해 보면 온라인 대화 속에도 표정이 가득한 것 같습니다.

그런데 여러분은 이모지와 이모티콘의 차이를 아시나요? 이모지란 일본에서 개발된 것인데, '그림문자'라는 뜻이라고 합니다. 말 그대로 표정, 몸짓, 음식, 동물 등을 위트 있게 표현한 그림입니다. 이모티콘이란 텍스트 기반의 표현 방식으로, '^^' 또는 ':)'와 같은 것들을 말합니다.

스마트폰이 나오기 이전에 텍스트로만 메시지를 주고받던 시절, 어떻게든 메시지에 감정 표현을 넣으려고 했던 것이 이모티콘이죠. 그러다 스마트폰이 나오면서 디지털 표현 방식이 더 발전하여 문장부호를 조합하는 대신 그림으로 감정을 직접 표현하게 된 것입니다. 이모티콘이든 이모지든 목적은 같습니다. 메시지의 전달력을 높여 더욱 생생하게 만드는 것이지요. 작은 이모지 하나, 문장부호 하나가 우리의 메시지를 훨씬 다채롭게 만들어 주니까요

'히히~'를 소리 내어 말해 보세요

이렇게 표정이 중요한 것은 현실세계에서도 마찬가지입니다. 표정은 내면의 감정을 얼굴에 드러내는 것인데, 누군가는 얼굴이라는 캔버스에 감정을 그리는 것이 표정이라고 하지요.

인간의 감정은 전염성을 가지고 있다고 합니다. 매우 신기한 특성인데, 누군가의 밝은 감정을 보고 듣고 경험하면 나도 덩달아 기분이 밝아집니다. 내가 밝은 표정을 띠고 있으면 나와 대화를 나누는 상대 역시 밝아집니다. 그렇기에 밝은 표정, 즐거운 표정은 나의 말하기를 조금 더 우아하고 매력적으로 만들어 주는 것이지요.

그렇다면 어떻게 해야 밝은 표정을 지을 수 있을까요? 여러 가지 방법이 있겠지만, 제가 효과를 톡톡히 본 방법은 의외로 간단합니다. 바로 '히히~'를 소리 내어 말해 보는 겁니다. '히히~'를 소리 내어 말하면 입꼬리가 양 끝으로 올라가는데, 입 모양을 그 상태로 유지하면 됩니다. 가능하면 윗니가 보이도록 해보세요. 처음에는 굉장히 어색하기도 하고, 표정을 짓는 것도 근육을 사용해야 하는 일이라 제법 피곤할 겁니다. 대화를 하는 내내 미소를 짓고 있는 것이 힘들겠지만, 평소에 꾸준히 미소 짓는 연습을 하면 대화를 하는 중간중간 자연스럽게

미소 짓게 된답니다.

미소는 바로 앞에서 살펴본 목소리에도 영향을 줍니다. 제가 '미소 발성'이라고 이름 붙인 기법인데, 말 그대로 미소를 지으며 소리를 내는 겁니다.

미소를 지으며 말해 보세요

저와 가깝게 지내는 앵커 한 분이 언젠가 자신이 감정이 메마른 사람처럼 느껴진다고 고민을 이야기했습니다. 객관적 사실을 전달해야 하는 프로그램을 진행하다 보니 감정을 절제

하는 것에 너무 익숙해져 버린 것이죠. 프로그램을 여는 오프닝 또는 프로그램의 마무리를 알리는 클로징 때만이라도 시청자들과 감정적으로 교감하고 싶은데, 잘 안 되어서 속상했나 봅니다. 제가 드린 조언은 단순했어요. 그저 긍정적인 에너지를 주고 싶은 단어를 말할 때 미소를 지으라는 것입니다. 여러분도 한번 해보시겠어요?

'웃음도 나지만요.'

이 문장을 미소 지으며 말해 보세요. 그렇지 않을 때와 분명 다르게 느껴질 거예요.

미소 짓는 것이 어색하다면, 온라인에서 습관적으로 붙이는 웃는 표정의 이모지(☺)나 '~' 표시를 오프라인으로 가져온다고 생각하면 어떨까요? 온라인 메시지에 조금 더 생동감을 불어넣는 것처럼 오프라인에서 전달하려는 말에도 생생함을 불어넣는 것이죠. 입가에 잔잔히 걸리는 미소 하나로 훨씬 따뜻한 대화를 할 수 있다는 것을 기억해 주세요. 우리의 일상이 더욱 풍성한 표정으로 가득 차길 소망합니다~.

'히히~'라고 소리 내어 발음해 보세요.
윗니가 보이면 더 좋습니다.
입꼬리를 끌어 올리는 것에 익숙해지면
미소 짓는 것이 어렵지 않습니다.
미소 짓는 것도
여러 번 해봐야 쉬워진답니다.
처음에는 당연히 어색하겠지만
금방 자연스러워질 거예요.

말에 날개를 달아 주는
옷차림을 챙기세요

드디어 '우아한 말하기 5원칙'의 마지막입니다. 우아한 말하기의 완성은 바로 옷차림입니다. '옷이 날개'라는 말이 있듯이 옷은 메시지의 날개가 되기도 합니다.

아나운서 시절, 저는 매일 아침 뭘 입을지 고민하는 것으로 하루를 시작했습니다. 단정하고 신뢰감을 주는 옷을 고르기 위해 노력했지요. 학원을 운영하는 스피치 강사로서는 실용적인 의상을 선호하게 되었습니다. 학원에서 일을 하기도 하지만 기업 출강도 잦으니 활동성을 고려해야 했죠. 그런데 스타트업을 시작하면서 다시 아나운서 시절처럼 단정하고 신뢰감을 줄 수 있는 옷을 우선적으로 고르고 있습니다. 특히

IR$_{Investor\ Relations}$ 피칭 등 투자자를 만나 설명해야 하는 경우에는 더더욱 옷을 고를 때 신경이 쓰이더군요.

옷차림에 여러모로 신경 쓰게 되는 이유는 앞서 말했듯이 옷차림이 우리가 '할 말'에 날개를 달아줄 수 있기 때문입니다. 장소와 상황 그리고 맥락에 알맞은 옷차림은 메시지의 신뢰도를 높여 주는 것이 사실이니까요.

메시지에 어울리는 옷차림을 준비하세요

말하기를 준비하고 공부하고 연습할 때, 의외로 복장의 중요성을 간과하는 경우가 많습니다. 분명 말하기에서 가장 중요한 것은 자신이 '진짜 하고 싶은 말'과 평소 쌓아 온 에토스(신뢰)이지만, 옷차림이 나의 '할 말', 나의 '에토스'에 날개를 달아 준다는 사실을 반드시 기억해야 합니다. 물론 우리 모두 패셔니스타가 되어야 한다는 말이 아닙니다. 말을 해야 하는 상황에 걸맞은 복장, 전달하고자 하는 메시지에 잘 어울리는 옷차림이면 됩니다. 구체적으로 어떻게 해야 할까요? 제 나름대로 정리한 내용을 소개해 드릴게요.

첫째, 상황에 맞는 드레스 코드를 파악하는 것이 중요합니다. 공식적인 자리인지, 일상적인 자리인지에 따라 달라진다는 것이죠. IR 피칭을 한다면 단정하게 입는 것이 좋겠지만, 네트워킹 행사에 참석한다면 활동성을 고려해야 합니다. 드레스 코드를 파악해야 한다는 것은 달리 말해 지양해야 하는 옷차림도 있다는 의미입니다. 상황에 따라 무례하게 비쳐질 수 있는 옷차림은 특히 주의해야 합니다.

둘째, 옷은 무엇보다 입는 사람이 편하게 느껴야 합니다. 아무리 근사한 옷이라도 몸에 불편하다면 메시지에 날개를 달아주기는커녕 자신감과 집중력을 앗아 갈 거예요. 또 세심한 부분에도 신경 써야 합니다. 구겨지거나 흐트러진 부분은 없는지 살펴보고 정리하는 것만으로 충분합니다. 다시 한 번 강조하지만 우리는 패셔니스타가 되고자 하는 것이 아니니까요.

셋째, 액세서리 또는 소품은 반드시 필요한 것이 아니라면 조금은 보수적으로 접근하는 것이 좋습니다. 과도한 액세서리와 소품은 주의를 분산시킬 수 있으니까요.

넷째, 적절한 복장은 그 자체로 '당신과의 대화를 중요하게 생각합니다'라는 메시지를 전달하는 것입니다. 옷차림은 단순한 외적 꾸밈이 아니라 상대를 배려하는 하나의 방식이기도 합니다. 상대방을 존중한다는 인상을 주어서 더 편안하게 대화할 수 있는 분위기를 만드는 비언어적 환대입니다.

OOTM을 신경 써보세요

한때 인스타그램에서 OOTD라는 해시태그가 유행했습니다. 'Outfit of the Day', 그날 입은 패션을 뽐내는 사진을 올릴 때 붙이는 해시태그였죠. 인스타그램에 사진을 자주 올리지 않는 저로서는 써볼 일이 없는 해시태그였는데, 제 나름대로 머릿속에는 OOTM이라는 해시태그가 있습니다. 'Outfit of the Message', 오늘 내가 입은 옷차림이 내가 던져야 하는 메시지와 잘 어울릴까 하는 것이죠.

여러분의 OOTM은 무엇인가요? 오늘 여러분이 선택한 옷은 여러분의 메시지에, 에토스에 날개를 달아 주었나요?

적절한 옷차림은

내가 진짜 '하고 싶은 말'에 날개를 달아 줍니다.

특히 공적인 상황에서 말할 때는

옷차림이 아주 중요합니다.

그러나 패셔니스타가 되려는 것은 아니니

부담을 가질 필요는 없습니다.

깔끔하고 단정한 옷차림이면 충분합니다.

옷을 고르기가 어렵다면,

이 옷차림을 상대방이 어떻게 느낄지

고민해 보세요.

상황과 상대방을 고려하는 마음이 있다면

어렵지 않게 알맞은 옷차림을 찾을 겁니다.

Part **3**

한결 더
매력적으로 말하는 방법

'우아한 말하기 5원칙'을 통해 말하기의 기본을 충실히 닦았으니 Part 3에서는 고도화된 말하기 기술을 배워 보고자 합니다. 발표, 면접, 협상, 연설 등에 모두 적용할 수 있는 저만의 노하우가 반영된 스피치 원칙과 기술을 살펴볼 것입니다. 이것들을 통해 우아하게 말하는 사람에서 한 발 더 나아가 끌리는 사람, 매력 있는 사람으로 거듭날 수 있습니다.

충분히 긴장하고, 티 내지 않기

충분히 긴장하고 불안감을 느끼세요. 자연스러운 현상입니다. 다른 사람들도 마찬가지예요. 사람마다 정도의 차이가 있을 뿐, 많은 사람들 앞에서 그것도 낯선 사람들 앞에서 스피치를 해야 하는 순간에는 당연히 불안감을 느끼게 됩니다. 나만 그런 게 아니라는 사실, 이것을 알고 있는 것은 무척 중요합니다.

때로는 일부러라도 긴장할 필요가 있습니다. 긴장이나 불안감을 전혀 느끼지 않으면, 다시 말해 너무 이완되어 버리면 오히려 자기 실력을 제대로 발휘하지 못합니다. 충분히 긴장하고 불안감을 느끼세요. 대신 그것을 겉으로 드러내지 마세요. 티 내지 않으면 될 일입니다. 티를 내지 않기 위해 가장 좋은 방법은 호흡이에요. 천천히 숨을 들이쉬고 내쉬어 보면 심장박동이 안정되고, 안정된 몸에는 안정된 마음이 자리 잡게 됩니다.

나에게 맞는 전달법 연습하기

특정한 목표 달성을 위해 스피치를 해야 하나요? 그렇다면 정확한 방법으로 연습해야 합니다. 구체적인 목표 상황과 나의 현재 상황을 파악하고 분석하세요. 그다음, 내가 할 말을 구성하고, 그에 알맞은 전달법을 내재화해야 합니다. 이것이 전부입니다. 볼펜을 입에 물고 발음 연습을 하는 것은 그다음 문제입니다. 나를 알고, 나의 할 말을 구성하고, 그에 최적화된 전달법을 내재화하세요.

1장

충분히
긴장하고,
티 내지 않기

말하기의 시작은
불안감을 없애는 거예요

K는 늘 말을 잘하고 싶어 하는 사람이었어요. K는 학창시절 전국 글짓기 대회에서 1등까지 했을 정도로 글을 잘 썼지만, 교내 방송부 면접에서는 탈락의 쓴맛을 봐야 했습니다. 말을 한다는 것 자체가 K에게는 참으로 낯설고 어려운 일이었죠.

K는 대학교 졸업을 앞두고 여느 학생들처럼 취업 준비를 시작했습니다. 서류전형은 어렵지 않게 통과했지만, 면접은 쉽게 넘을 수 없는 산이었죠. K는 '말하기 불안'이 있었거든요. 실제 기업 면접은커녕 다른 취업준비생들과 함께 진행하는 모의면접조차 K에게는 긴장감이 가득한 순간이었습니다. 그렇지만 K는 남들보다 두 배 세 배 더 노력했어요. 정성 들

여 면접 스크립트를 작성한 뒤 자다가도 일어나 줄줄 읊을 수 있을 정도로 완벽하게 암기했고, 볼펜을 입에 물고 명료한 발음을 연습하기도 했습니다. 지독한 연습벌레였던 K는 한동안 볼이 얼얼해지는 것을 피할 수 없었다고 해요. 치열한 노력 끝에 K는 험난한 벽을 뚫고 취업에 성공했답니다. 그것도 무려 아홉 곳이나요. 대단한 성과였죠.

합격통지서를 거머쥔 K는 잠깐 안도했던 것 같아요. 이제는 다른 사람들 앞에서 긴장감을 애써 감추며 발표할 일은 없을 것이라고 생각했는데, K의 예상은 완전히 빗나갔답니다. K의 회사생활은 어찌 보면 발표와 스피치의 연속이었어요. 업무 내용을 보고하는 상황, 늘 인상을 찌푸리고 있는 상사를 어떻게든 설득하는 상황, 평소 교류가 없던 다른 팀 사람들과 회의하는 상황 등이 매일 펼쳐졌죠. 일은 일대로 열심히 하고, 퇴근 후에는 발표 준비, 말하기 준비에 따로 시간을 투자해야 했습니다. 그렇게 개인 시간까지 써가면서 말하기에 열정을 불태웠지만, 타고나길 말을 잘하는 동료들을 볼 때면 부러움을 감추기 쉽지 않았어요. 특히 사내에서 말을 잘하기로 소문난 선배 L이 중요한 발표를 도맡아 하면서 승승장구하는 모습을 보고 K는 어릴 적 꿈을 떠올렸습니다.

"나 아나운서가 될 거야!"

K는 어느 날 갑자기 아나운서가 되겠다고 폭탄선언을 했습니다. 그러더니 다음 날 바로 멀쩡히 잘 다니던 회사에 사직서를 제출해 버렸어요. 20대 후반의 나이로 경력도 없이 아나운서에 도전한다는 것은 결코 흔한 일이 아니었죠. 갑자기 왜 아나운서가 되고 싶어졌을까요? 사실 K는 어릴 때부터 막연하게 아나운서라는 직업을 동경해 왔고, 학창시절 장래희망을 적어낼 때도 늘 고민 끝에 아나운서라고 적었어요. 다만 교내 방송부 면접에 떨어지고, 친한 친구들이 아닌 낯선 사람과 5분 이상 대화할 때도 식은땀을 흘려야 하는 자신에게 아나운서란 말 그대로 '꿈같은 일'로 느껴져 숨겨 뒀던 것이지요.

회사생활을 하면서 자의 반 타의 반 말하기 연습에 시간과 노력을 쏟아붓는 동안 잠들어 있던 '꿈'이 다시 깨어났다고 합니다. 회사생활에서도 계속 말하기에 매달려야 하는 거라면 '말을 제일 잘하는 사람'이 되고 싶다는 구체적인 목표가 생겼고요. K는 정말 독하게 노력했어요. 발성, 발음, 전달력, 단어선택, 말하는 자세, 조리 있는 내용 구성, 신뢰감을 주는 인상까지, '말하기'와 관련된 모든 것이라면 닥치는 대로 공부하고 흡수했죠. K는 결국 단기간 내에 합격하여 멋진 아나운서가 되었습니다. 다른 사람들의 주목을 받으며 말을 해야 하는 상황이 죽기보다 싫었던 K가 TV 너머 시청자들 앞에서 전혀 떨지 않고 말하는 아나운서가 된 것이지요. 그 비결이 무엇일까요?

불안감을 없애고 우아하게 말하세요

K의 이야기는 다름 아닌 저의 이야기입니다. 교내 방송부 면접에서도 벌벌 떨던 저는 치열한 취업 면접을 뚫고 회사에 입사했습니다. 발표와 스피치의 연속이었던 회사생활에서 좌절하지 않고, 오히려 가장 말을 잘하는 직업을 갖겠다는 열정으로 결국 아나운서가 되었습니다. 이 과정에서 세상에 존재하는 대부분의 말하기 방법을 연습했다고 자신합니다. 누구보다 말하기를 불안해했던 저였으니까요. 그런 제가 말하기 불안증을 극복하게 된 비결을 아낌없이 알려 드릴게요.

말을 잘하기 위한 첫 번째 관문은 역시 긴장감, 불안감, 공포감을 해소하는 것에서부터 시작합니다. 그런데 말하는 것을 어려워하거나 긴장감을 느끼는 것을 넘어 말하는 것 자체에 공포감을 느끼는 사람들이 우리 주변에 아주 많이 있습니다. 가까운 사람들과는 우아하게 대화를 하지만 낯선 사람들 앞에 서면 불안하고 심장이 두근거리고 입이 잘 떨어지지 않는다는 거죠. 특히 어릴 때부터 카카오톡 등 소셜 메신저를 이용해 커뮤니케이션을 해온 젊은 층들은 전화 소통을 무서워하는 현상까지 나타나고 있어요.

괜찮습니다. 많은 사람들 앞에서 말할 때 불안함을 느끼는 것은 너무나 당연한 현상입니다. 수없이 많은 대중연설을 하는 정치인도, 유수의 기업을 이끄는 기업가도, 전문적인 방송 MC도 많은 사람들 앞에, 특히 낯선 사람들 앞에 서면 당연히 긴장하게 됩니다. 다만, 그 긴장과 불안을 잘 관리해서 겉으로 티를 내지 않을 뿐입니다.

이제부터 우리는 다른 사람들 앞에서 말할 때 느끼는 긴장감과 불안감을 잘 관리하는 방법을 살펴볼 거예요. 이 방법들을 꾸준히 연습하면 많은 사람들 앞에서 당당하고 우아하게 하고 싶은 말을 할 수 있을 거예요.

많은 사람들 앞에서 말할 때
불안함을 느낀다면,
그것은 자연스러운 현상입니다.
긴장은 자연스러운 거예요.
관건은 그것을 잘 관리하는 것이지,
긴장을 느끼지 않는 것이 아닙니다.
기억하세요.
긴장과 불안은 없애야 할 대상이 아니라
관리의 대상입니다.

말하기 불안의 원인을
먼저 찾아보세요

언젠가 가수 아이유가 자신의 유튜브 채널에서 은밀한 고민을 털어놓은 적이 있어요. 바로 전화 통화가 너무 두렵다는 것이었죠. 아이유는 친하지 않은 사람들은 물론 가까운 사람들과의 전화 통화도 너무나 불편하고 힘들다고 고백했습니다. 연예계 대표 절친으로 알려진 유인나와의 통화는 물론, 엄마와의 통화 역시 무척이나 어렵게 느껴진다고 털어놓았어요. 그녀의 솔직한 고백에 많은 구독자들이 공감의 댓글을 달았습니다.

　말할 때 불안감을 느끼는 것을 해결하기 위해 학원에 찾아오는 사람들의 고민은 많은 사람들 앞에서 진행해야 하는 발표, 낯선 사람들과 대인관계를 형성해야 하는 영업활동 등 공적인 말하기가 대부분입니다. 그런데 최근 들어 전화 통화 또는 친구들과의 모임과 같은 일상적인 대화의 어려움을 호소하는 사람들이 부쩍 많아졌습니다. 발표 불안을 넘어 전화 불안, 면접 불안, 소개팅 불안 등 말하기 자체에 불안을 느끼는 사람들이 점점 많아지고 있는 것이지요.

그중 대표적인 사례가 두려움과 불안감으로 전화 통화를 기피하는 '전화 공포증Call Phobia'입니다. 전화 공포증이 심한 경우 전화벨 소리만 들어도 심장이 두근거리고 숨이 턱 막히는 듯하고, 반대로 전화를 걸어야 할 때 발신음이 울리는 동안 초조하고 식은땀이 난다고 합니다. 지난 2020년 잡코리아가 성인 남녀를 대상으로 '전화 공포증 현황'에 대해 조사했는데, 그에 따르면 518명 중 약 53%가 전화 공포증을 겪고 있다고 응답했습니다. 이것은 비단 한국만의 문제가 아닙니다. 이미 해외에서는 전화 공포증을 해결하는 서비스를 제공하는 스타트업이 등장했을 정도입니다. 캐나다 업체인 메리제인 콥스는 전화 통화 코칭 서비스를 시간당 약 60만 원에 제공한다고 합니다.

불안의 요소를 먼저 파악해 보세요

발표 불안, 전화 불안 등을 모두 통틀어 '말하기 불안'이라고 부를 수 있습니다. 다른 사람의 얼굴을 직접 대면하는 상황이든, 목소리만 듣는 전화 통화이든, 줌Zoom과 구글 미트Google Meet 등을 이용한 비대면 커뮤니케이션이든, 친구들과 왁자지껄한 술자리든, 타인 앞에서 말하는 것 자체가 두렵고 어려운 것이 바로 '말하기 불안'입니다.

어떤 분은 이렇게 생각할지도 모릅니다. '어떤 조언인지 다 알겠는데, 말을 잘하고 못하고를 떠나 다른 사람 앞에서 말하는 것 자체가 무섭고 공포스럽다'고 말이지요. 즉, 말을 '잘' 하는 것이 문제가 아니라 말을 '하는' 것 자체가 문제라고요. 이러한 '말하기 불안'은 우아한 말하기 그리고 스피치 실력을 향상하기 위해 반드시 해결하고 넘어가야 하는 요소이지요.

말하기 불안은 학술적인 용어로 '수행불안'이라고 합니다. 수행불안이란 '특정한 일을 수행할 때 긴장감을 느끼고 주변 사람을 의식하여 생기는 불안' 현상입니다. 수행불안이 나타나는 대표적인 상황이 바로 다른 사람 앞에서 말하는 것, 무대 위에서 공연하는 것, 운동선수들이 시합을 하는 것 등이지요. 이런 수행불안은 1980년대에 영국의 저명한 정신과 의사이자 공포증 연구자인 아이작 막스에 의해 처음으로 연구되었는데, 그가 기록한 내용 중 대표적인 사례들은 다음과 같습니다.

- 사람들 앞에서 서명할 때 손이 떨리고 식은땀이 난다.
- 친구들이 지켜보는 가운데 칠판에 적힌 문제를 푸는 것이 두렵다.
- 자기소개를 해야 하는 순간이 되면 숨어 버리고 싶다.

'말하기 불안'을 해소하기 위해서는 우리가 왜 불안을 느끼는지 그 원인을 먼저 알아야 합니다. 정신건강의학 전문의 신재현 박사가 〈정신의학신문〉에 기고한 칼럼에 따르면, 우리 인간은 다른 사람 앞에 서야 하는 상황 자체를 일종의 '위기'로 인식한다고 합니다. 오래전 다른 사람들의 인정을 받아야만 그 집단에 수용되고 사회적으로 생존할 수 있었던 원시적인 뇌의 습관 때문이죠.

위기에 대한 인간의 반응은 1915년 생리학자 월터 캐넌의 연구 이래로 쭉 지속되어 왔습니다. 인간은 위기상황이 닥치면 다음과 같이 반응한다고 합니다.

외부에서 어떤 자극이 주어지면 우선 얼음freeze 반응이 나타납니다. 주어진 자극에 놀라 몸이 굳어버리는 것이죠. 흔한 비유로 자동차의 헤드라이트에 깜짝 놀란 사슴이 움직이지 못하고 경직되어 우두커니 서 있는 것과 같은 반응입니다. 그다음, 주어진 자극이 위기로 인식되면 다시 2가지 반응으로 전환됩니다. 싸우거나fight(투쟁) 도망치거나flight(도피). 이렇게 상황을 위기로 인식하는 뇌의 작용은 곧 우리 몸의 교감신경을 활성화합니다. 눈을 크게 뜨거나, 땀을 흘리거나, 입에 침이 마르고, 심장이 빨리 뛰고, 또 호흡이 가빠지는 것들이 모두 교감신경이 활성화된 결과입니다.

발표를 비롯한 말하기에 이 원리를 적용해 보겠습니다. 일단 발표란 확실히 위기상황으로 해석할 수 있습니다. 현대사회에서 말하기의 중요성이 너무나 크다 보니 발표를 잘못하면 평판에 문제가 생길 수 있고, 중요한 계약을 따내지 못하거나 승진에서 누락되는 등 실질적인 불이익을 겪을 수 있지요. 그렇기 때문에 발표를 해야 하는 상황에 맞닥뜨리는 것은 위기상황에 봉착한 것이나 다름없습니다.

발표를 해야 하는 순간이 위기로 인식되면 투쟁 또는 도피 반응이 나타나게 됩니다. 도피란 말 그대로 발표 상황에서 도망치는 것이죠. 회사 업무 등으로 무조건 말을 해야 하는 상황이 아니라면 어물쩍어물쩍 빨리 발표를 끝내고 상황을 종결해버리는 것 역시 일종의 도피로 볼 수 있습니다. 투쟁은 말하기 상황과 싸우는 것인데, 이때 교감신경 활성화에 따른 신체 반응이 나타납니다. 입이 마르고, 심장이 쿵쾅거리는 것이죠.

교감신경을 차단하고 부교감신경을 활성화하세요

말하기 불안은 다른 사람 앞에서 말하는 것을 일종의 위기상황으로 인식하기 때문에 교감신경이 활성화되고, 이에 따라 긴장과 흥분 같은 신체 반응이 나타나는 것입니다. 그렇다면 교감신경은 우리가 발표를 하는 내내 계속 활성화되어 있을까요? 그렇지 않습니다. 교감신경을 제어하는 부교감신경이 있으니까요.

교감신경과 반대로 부교감신경은 우리 몸을 이완시키는 역할을 합니다. 한 가지 흥미로운 사실은 교감신경과 부교감신경은 서로 균형을 맞추려는 성질이 있기 때문에 교감신경이 활성화된 후 어느 정도 시간이 지나면 자연스럽게 부교감신경이 활성화되어 긴장감과 흥분감이 서서히 사그라든다는 겁니다.

잠깐 기억을 되짚어 볼까요? 너무나 긴장되는 중대한 프레젠테이션이라 하더라도 막상 발표를 시작하고 2~3분 정도 지나면 어느 정도 긴장이 완화된 적이 있지 않나요? 물론 능수 능란하게 프레젠테이션을 마무리하지는 못했더라도, 손바닥이 땀으로 흥건하고 어떻게 발표했는지 잘 기억나지 않을지라도, 분명 발표 초반의 긴장감보다 중반과 후반의 긴장감은 훨씬 줄어들었을 거예요. 이는 부교감신경이 활성화되었기 때문입니다.

말하기 불안을 해결하는 방법은 쉽게 말해 불안감을 불러일으켜 교감신경의 활성화를 차단하는 반면, 부교감신경을 빠르게 활성화하는 것입니다. 인터넷에서 쉽게 찾아볼 수 있는 발표 불안 극복법의 근본적인 원리가 바로 이것이죠. 이번 장에서는 이것 하나만 기억하세요. 아무리 떨리더라도 (다시 말해 교감신경이 아무리 활성화되었다고 해도) 일단 말하다 보면 차차 나아질 거예요. 부교감신경이 곧 우리를 안정시켜 줄 테니까요.

낯선 사람들 앞에서 말할 때
불안감을 느끼는 것은 지극히 당연한 현상입니다.
왠지 모르게 사회적 위기처럼 느껴지기 때문이에요.
말을 해야 하는 상황을 위기로 인식하면
교감신경이 활성화되어
신체적 긴장 반응이 나타나는데,
너무 걱정하지 마세요.
일단 말을 하다 보면 얼마 지나지 않아
부교감신경이 활성화되어
차차 긴장 반응이 줄어들게 된답니다.

말하기 불안을 만드는
4가지 요인

지난 4년간 1,500명이 넘는 수강생들의 말하기 불안을 연구하면서 발견한 놀라운 사실을 알려 드리고자 합니다. 다름 아닌 말하기 불안을 만들어 내는 4가지 요인입니다. 말하기 불안은 지극히 자연스러운 현상이지만 그것을 일으키는 요인은 사람마다 다를 수 있습니다. 이때 문제를 해결하는 첫걸음은 그 원인을 정확하게 파악하는 것이지요.

첫 번째는 '인식적 요인'입니다

인식적 요인이란 조금 어렵게 들릴 수도 있는데, 쉽게 말해 그릇된 관념, 즉 오해를 의미합니다. 제가 스피치 학원을 운영하며 가장 놀랐던 사실이 바로 생각보다 많은 사람들이 스피치에 대해 오해하고 있다는 것입니다. 스피치에 대해, 스피치를 듣는 청중들에 대해, 그리고 스피치를 하는 나 자신에 대해 잘못된 인식을 가지고 있으면, 다른 사람 앞에서 스피치를 하는 것이 어렵게 느껴지고 나아가 두려울 수밖에 없습니다.

가장 대표적인 것이 스피치를 듣는 상대방, 즉 청중들이 '나'에게 관심이 많을 것이라는 오해이지요. 사실 스피치를 듣는 사람들은 말하는 사람에게 별 관심이 없는 경우가 더 많습니다. 흔히 세상은 우리에게 별 관심이 없다고 하잖아요. 다시 말해 사소한 실수를 한다고 해서 스피치에 큰 영향을 주지 않는데, 스스로 실수를 과도하게 의식할 뿐입니다.

한 가지 더, 나 자신에 대한 오해 역시 말하기 불안을 일으킵니다. 자신이 어떻게 비쳐질지, 자신의 목소리가 어떤지, 자신의 과거 경험 등이 오해를 불러일으킨다는 것입니다. 그리고 이러한 인식적 요인은 어찌 보면 가장 개선하기 쉬운 부분이기도 합니다. 오해를 바로잡기만 하면 되니까요.

두 번째는 '기질적 요인'입니다

선천적으로 타고난 기질 중에 말하기 불안을 유발하는 것들이 있습니다. 대표적인 것이 민감함입니다. 자기 자신에 대해 민감하게 반응하면 완벽주의로 이어질 가능성이 큽니다. 스피치를 제법 괜찮게 하더라도 너무 민감하게 생각하면 자신의 장점과 단점이 너무나 크게 보입니다. 다른 사람이 괜찮다고 하더라도 자꾸만 자신의 부족한 점에 집착하는 것입니다. 그러면 자신의 스피치에 대해 항상 불만족스러울 수밖에 없겠지요. 게다가 민감함이 자신의 스피치를 듣는 상대방에게 향한다면 그들의 반응에 과도하게 신경 쓰게 됩니다. 이것 역시 완벽주의로 이어질 가능성이 큽니다.

선천적 기질은 말 그대로 타고난 것이니 바꿀 수 없다는 사실을 받아들여야 합니다. 이러한 선천적 기질은 때로는 약점이, 때로는 강점의 씨앗이 됩니다. 따라서 주어진 선천적 기질을 강점으로 변화시킬 필요가 있습니다. 가령 타고나길 민감하다면 발표 중간중간 청중의 반응을 다른 사람들보다 훨씬 더 예리하게 포착할 수 있습니다. 다시 말해 청중의 반응에 따라 발표 내용을 적절히 수정할 수 있다는 이야기입니다.

세 번째는 '경험적 요인'입니다

선천적인 기질과 무관하게 경험의 결과로 말하기 불안이 생기는 경우도 있습니다. 스피치 성공 경험이 없는 경우 자신감이 부족할 수 있고, 반대로 스피치 실패 경험이 많은 경우 낯선 사람들 앞에서 말하는 것 자체에 트라우마가 생길 수 있지요. 주변에서 부정적인 피드백을 받는다면 자신감 부족과 트라우마는 더욱더 심해집니다.

예를 들어 나름대로 스피치를 성공적으로 잘해 낸 것 같은데 주변에서 칭찬은커녕 무관심하게 반응하면 자신감이 떨어집니다. 스피치를 실패했을 때 주변으로부터 격려 대신 신랄한 비판을 듣는다면 트라우마가 생길 수밖에 없겠지요. 이런 부정적 피드백을 어린 시절 부모로부터 받게 된다면 그 악영향은 이루 말할 수 없습니다.

이런 경험적 요인을 해소하기 위해서는 꾸준한 연습과 준비가 필요합니다. 평소에 작은 성공의 경험을 계속 쌓아 가는 것이죠. 우리 안에는 놀라운 잠재력이 숨어 있습니다. 실패의 경험이 있으면 그러한 잠재력을 제대로 바라보지 못합니다. 우리에게 필요한 것은 놀라운 잠재력에 빛을 비춰줄 성공 경험인데, 이것은 충분한 연습과 준비에서 비롯됩니다.

네 번째는 '상황적 요인'입니다

상황적 요인은 말 그대로 말을 해야 하는 상황의 특수한 요인들입니다. 말하기와 스피치 실력이 많이 쌓이더라도 쉽게 익숙해지지 않는 것이 바로 상황적 요인 때문입니다. 상황은 그때그때 다르니까요. 친구들과 편하게 대화하는 상황과는 다르게 혹독한 평가를 받아야 하는 순간의 스피치는 당연히 불안하고 긴장될 겁니다. 경쟁자가 많다면 그 불안과 긴장은 더욱 커질 것이고, 스피치를 듣는 청중이 자신보다 뛰어난 전문가일 경우에도 말하기 불안이 생겨납니다.

그런데 청중과 무관하게 자기 자신에게서 비롯되는 상황적 요인도 있습니다. 객관적 평가 여부와는 무관하게 자신이 너무나 잘해 내고 싶은 스피치라면, 즉 자신에게 무척 중요한 말하기 상황이라면 당연히 불안과 긴장이 뒤따를 수밖에 없겠지요. 또는 평소와 다르게 스피치 준비가 부족했다면 자연스럽게 불안함을 느낄 겁니다. 이처럼 말하기 불안을 부르는 상황적 요인은 크게 타인에게서 비롯되는 평가, 경쟁자, 청중의 수준 등이 있으며, 자신에게서 비롯되는 스피치의 주관적 중요도, 준비 여부 등이 있습니다.

이러한 상황적 요인은 이미 앞서 살펴본 인식, 기질, 경험과는 조금 다른 부분이 있습니다. 인식, 기질, 경험의 요인은 어떤 형태로든 개선이 가능합니다. 하지만 상황적 요인은 개선의 대상이 아닌 대응의 대상이지요. 인식, 기질, 경험상으로 스피치 준비가 잘되어 있다 하더라도, 개인적으로 엄청나게 중요한 스피치인 데다 쟁쟁한 사람들과 경쟁하고 평가까지 받아야 하는 상황이라면 불안하지 않는 것이 이상하겠죠?

아무리 스피치 실력이 뛰어나도 말하기 불안을 불러일으키는 상황적 요인은 늘 우리 곁에 있으므로, 이에 대해 현명하게 대처하는 능력을 기르는 것이 중요합니다. 반복된 연습과 준비만이 이러한 상황적 요인을 극복하는 유일한 방법입니다. 기억하세요. '연습만이 성공을 만든다(Practice makes perfect)!'

말하기 불안 ABC 현상

지금까지 살펴본 4가지 요인이 복합적으로 작용하여 교감신경이 활성화되고 긴장 반응이 나타납니다. 그리고 이 긴장 반응은 크게 3가지 형태의 말하기 불안 현상으로 나타나는데, 저는 이것을 '말하기 불안 ABC 현상'이라고 부릅니다.

A는 'Action', 행동을 의미합니다. 말하기 불안을 느끼면 소

위 말해 '뚝딱거리는' 행동을 하게 됩니다. 다리를 떤다거나, 시선을 한곳에 두지 못하고 주위를 두리번거린다거나, 산만한 몸짓을 멈추지 못합니다.

B는 'Body', 신체 반응을 뜻합니다. 눈에 띄는 행동을 하는 것은 아니지만, 식은땀이 나고 입안이 바싹바싹 마르거나 심장이 쿵쾅거리는 반응입니다.

C는 'Contents', 스피치 내용 측면에서도 긴장 반응이 나타

말하기 불안 요인		말하기 불안 ABC 현상
기질		**Action (행동)**
완벽주의		
민감함		
내향성		몸짓, 시선 처리, 다리 떨기 등
경험		
성공 경험 부족		**Body (신체 반응)**
실패 경험 누적	말하기 상황을 위기로 인식!	
인식		
스피치		입 마름, 심장 두근거림, 식은땀 등
청중		
나 자신		
상황		**Contents (말하기 내용)**
타인으로부터 유발	평가	
	경쟁자	
	청중의 수준	내용이 기억나지 않음, 횡설수설 등
자신으로부터 유발	발표의 중요도	
	준비 부족	

납니다. 준비한 내용이 하나도 기억나지 않아 머릿속이 백지처럼 하얗게 변한다거나 횡설수설하는 것입니다.

지금까지 살펴본 내용을 정리하면 앞의 표와 같이 요약할 수 있습니다. 이 내용을 토대로 스스로의 말하기 불안증을 점검해 보는 것이 필요합니다. 다음 질문을 참고해 주세요.

- 스피치를 할 때 어떤 현상이 나타나는가?
- 몸짓이나 시선 처리가 어색하다는 이야기를 들어본 적이 있는가?
- 심장이 두근거리고 입이 바싹바싹 말라 목소리가 갈라지는가?
- 무슨 말을 해야 할지 몰라 머릿속에 떠오르는 대로 즉흥적으로 내뱉고 후회한 적이 한 번 이상 있는가?

여러분은 어떤 말하기 불안 증세를 가지고 있나요? 자신의 말하기 불안 증세를 적어 보세요.

_____

_____

아마 콕 집어 하나만 고르기는 어려울 거예요. 자신의 말하기 불안 증세를 확인했다면, 이제는 말하기 불안 요인을 파악해 볼 차례입니다. 다음의 질문에 차근차근 대답해 보면 자신의 말하기 불안 요인을 알 수 있습니다.

자신의 타고난 성격 중 말하기 불안의 원인이 될 수 있는 것들을 간추려 적어 보세요.

1. 스피치를 할 때 실패했던 경험이 있는가?

2. 가장 성공적이었던 스피치 경험을 적어 본다.

3. 좋은 스피치란 무엇일까? 자신이 생각하는 좋은 스피치는 어떤 것인지 적어 본다.

4. 그동안 스피치를 하면서 자신을 불안하게 만들었던 청중 또는 상대방은 어떤 사람이었는가?

5. 자신의 스피치 실력에 대해 생각나는 대로 적어 본다. 대본을 잘 만드는가? 목소리는 괜찮은가? 시선 처리는 어렵지 않은가? 몸짓과 손짓은 어떤가? 당신만의 습관이 있는가?

6. 평소에 스피치를 해야 할 일이 있으면 준비를 어느 정도 하는가? 10점 만점 중 몇 점을 줄 수 있는가?

자신의 말하기 불안 요인을 파악했다면, 시작이 반이라는 말처럼 말하기 불안을 반쯤 해결했다고 볼 수 있습니다. 이제는 그 원인을 개선하기만 하면 되니까요. 스피치를 할 때마다 두근거린다면 그 두근거림을 이제 설렘과 자신감으로 바꿔 보세요. 제가 도와드리겠습니다.

말하기 불안 ABC 현상은
Action, Body, Contents입니다.
낯선 사람들 앞에서 말할 때
ABC 현상을 유발하는 요인은 크게 4가지가 있어요.
잘못된 인식, 선천적인 기질,
경험 부족, 상황의 어려움입니다.
나의 말하기 불안은 어디에서 비롯되는가를
먼저 확인하는 것만으로도
말하기 불안에서 한 발짝 벗어날 수 있습니다.
그다음은 착실한 연습과 준비를 통해
해결해 나갈 수 있습니다.
'Practice makes perfect!'
절대 변하지 않는 진리입니다.

들숨에 용기를, 날숨에 안정을 기억하세요

어느 날 학원에서 수업을 마쳤을 때 수강생 한 명이 질문을 했습니다.

"원장님은 다른 사람에게 말할 때 긴장이 하나도 안 되시죠? 부러워요."

"그럴 리가요. 저도 늘 긴장되고 불안해요. 오늘 수업할 때도 긴장했는걸요."

"정말요? 하나도 긴장한 것 같지 않던데요!"

과연 사람들 앞에서 말할 때 긴장감과 불안감을 전혀 느끼지 않는 사람이 있을까요? 그렇지 않습니다. 저 역시 다른 사람 앞에서 말해야 할 때면 늘 불안하답니다. 우리가 낯선 사람들 앞에서 말할 때 불안감을 느끼는 이유는 그 상황이 마치 위기처럼 느껴지기 때문입니다. 앞서 살펴봤듯이 말하는 상황을 위기로 느끼게 되는 근본적인 원인은 인식, 기질, 경험, 상황의 4가지입니다. 그리고 위기를 느끼면 안절부절 못하거나 땀이 나고 숨이 가빠지는 것과 같은 신체 반응이 나타나거나, 횡설수설하는 등 '말하기 불안 ABC 현상'이 나타나지요.

이제부터 알려 드릴 비결은 이 ABC 현상을 어떻게 관리하느냐, 즉 어떻게 다른 사람들 앞에서 나의 ABC 현상을 티 내지 않느냐에 초점을 맞춘 것입니다.

말하기 불안은 호흡으로 관리하세요

말하기 불안의 ABC 현상을 예방하는 가장 효과적인 방법은 호흡입니다. 숨을 잘 쉬면 자연스럽게 긴장과 불안을 해소할 수 있습니다. 숨을 깊게 들이쉬면 산소가 공급되어 신체에 활력이 돋고, 숨을 내쉬면 이산화탄소가 배출되며 부교감신경이 활성화됩니다. 부교감신경이 활성화되면 자연스럽게 몸이 이완되고, 몸이 이완되면 불안한 마음도 가라앉게 됩니다.

이렇게 호흡을 통해 마음을 이완시키는 것을 두고 남아프리카공화국의 심리학자 조셉 울프는 '상호억제의 원리'라고 말합니다. 사람의 마음과 신체는 일관성을 유지하기 위해 서로가 서로를 억제한다는 것이죠. 마음이 불안한데 몸이 편할 리가 있을까요? 마음이 불안하면 몸도 반응이 나타나게 마련입니다. 반대로 몸이 편치 않으면 마음도 불안해지는 법이고요. 이것을 역으로 이용하는 거예요. 발표를 앞두고 마음이 불안해져 신체적으로 불안한 증세가 나타났을 때, 호흡을 하면 몸이 안정되면서 자연스럽게 마음도 안정된다는 원리입니다.

신체의 불안 반응이 줄어들고 마음도 한결 안정되면, 조금 긴장한 것쯤은 쉽게 숨길 수 있어요. 그래서 저는 발표를 하거나 강의를 할 때 너무 불안하다고 하는 사람들에게는 일단 충분히 긴장하라고 말합니다. 약간의 긴장은 항상 필요하니까요. 그런데 긴장감이 너무 커서 불안함을 느끼고 숨이 가빠 오고 식은땀까지 흐르면, 그때는 일단 숨을 반복해서 쉬라고 권합니다. 코끝을 스치고 들어오는 숨이 목구멍을 타고 배 속 깊은 곳까지 내려가 복부를 채우고, 다시 배, 가슴, 목, 코를 거쳐 입술 끝을 스치며 나가는 과정을 더도 말고 덜도 말고 딱 세 번만 느껴 보세요. 어느덧 불안감은 줄어들고 적당한 긴장감만 남아 있을 거예요.

말하기 불안을 해소하는 ABC 극복법

말하기 불안을 극복하는 방법이 있어요. 이른바 'ABC 극복법' 인데요. 'Arousal', 우선 자극을 충분히 느끼세요. 적당한 긴장 은 필요하니까요. 그러나 과도한 긴장으로 말하기 불안 현상 이 느껴진다면, 즉 손과 등에 땀이 나고 숨이 가빠지고 몸이 나른해진다면 'Breathe', 일단 호흡하세요. 깊은 숨을 들이쉬 고 내쉬기를 몇 차례만 반복해 보세요. 그러면 어느덧 불안감 이 완화될 거예요. 아주 사라지지는 않겠지만 다른 사람들에 게 티 내지 않고 충분히 'Cover', 감출 수 있을 거예요.

말하기 불안 ABC 현상을 해결하는 방법 역시 ABC 극복법 입니다. 그중의 핵심은 바로 호흡, 숨을 잘 쉬는 것입니다. 숨 만 잘 쉬어도 말하기 불안 현상을 예방할 수 있어요. 저 역시 발표와 강의를 시작할 때면 늘 의식적으로 호흡을 3~4회 반 복합니다. 들숨에 용기를 마시고, 날숨에 안정을 내뱉으려고 노력해 보세요. 그렇게 하면 한결 나아질 거예요.

불안과 긴장을 해소하는
가장 좋은 방법은 호흡이에요.
숨을 크게 들이쉬고 내쉬어 보세요.
곧 불안과 긴장이 해소될 거예요.
말하기 불안 현상은
Action(행동), Body(신체 반응), Contents(내용)로
나타납니다.
그런데 말하기 불안 ABC 현상을 극복하는 방법도
역시 ABC입니다.
Arousal(자극), Breathe(호흡), Cover(감추기)
충분한 자극을 느끼고, 호흡하세요.
그러면 긴장감이 겉으로 드러나지 않을 정도로
조절할 수 있습니다.
코끝을 스치는 숨,
우리의 스피치를 도와줄 최고의 친구입니다.

생각의 꼬리를
싹둑 자르세요

"너희 수학 불안이라고 알아? 수학 문제만 보면 심장이 뛰고 곁땀이 나고 그런 거. 수학 불안은 일종의 심리적 증상인데, 수학 실력하고는 아무 상관이 없어. 단순히 수학은 어렵다, 그렇게 생각해서 그런 거야. 그 말은 즉, 수학을 못해서 불안한 게 아니라, 불안하기 때문에 수학적 사고가 잘 안 된다는 거야. 사는 것도 마찬가지지 않을까. 인생은 어렵다, 힘든 거다, 헬이다. 이렇게 지레 겁먹으면 진짜 헬이 되는 거야. 인생은 살 만하다, 좋은 거다, 힘든 건 잠시고 다 지나간다. 이렇게 마인드 컨트롤을 하면 불안이 좀 덜해지겠지."

1등 스타 강사와 국가대표 출신 반찬가게 여사장의 기상천외한 스캔들을 그린 드라마 〈일타 스캔들〉에 나오는 대사입니다. 정경호 배우가 주인공 수학강사 최치열 역할을 맡았습니다. 드라마 속 일타강사 최치열은 "못해서 불안한 게 아니라 불안해서 못하는 것이다"라고 말합니다. 스피치도 똑같다고 생각합니다. 스피치를 못하기 때문에 불안한 것이 아니라, 불안하기 때문에 스피치가 어려운 것이라고요.

지금까지 편안하게 스피치를 할 수 있는 다양한 연구 결과와 원리를 소개했습니다. 그럼에도 불구하고 이렇게 생각하는 분들이 있을지도 모르겠습니다.

"아니, 뭔가 딱 부러지는 구체적인 방법은 없는 건가? 너무 일반적인 이야기잖아."

"그냥 평소에 연습하고, 발표 중에 호흡을 잘하라는 거잖아. 다른 기술은 없나?"

이번에는 발표 중 불안감을 느낄 때 그것을 잘 컨트롤할 수 있는 구체적인 방법을 소개할게요. 발표, 면접 등 스피치는 제법 오랜 시간 훈련해야 하는 영역이지만, 지금 소개할 기술은 한 번 배우면 어렵지 않게 바로 적용할 수 있습니다. 발표나 면접과 같이 말을 해야 하는 상황에서 바로 쓸 수 있는 기술이니 사전에 연습해 두면 그 효과는 더욱 커질 겁니다.

첫 번째 기술은 '일부러 더 불안해지기'입니다

그렇잖아도 발표할 때 불안해 죽겠는데 더 불안해지라니, 이게 무슨 말인가 싶을 겁니다. 이것은 《죽음의 수용소에서》라는 책을 저술한 정신과 의사 빅터 프랭클의 '역설적 의도'라는 개념에서 따온 것입니다. '역설적 의도'란 불안을 역설적으로 더 강하게 느끼게 해서 다스리는 방법입니다. 불면증을 예로 들어 볼게요. 잠이 도통 오지 않아 고민일 때 '에라 모르겠다, 책이라도 읽자' 하고 책을 폅니다. 어차피 잠도 안 오는 바에야 차라리 자지 말고 뭔가라도 하려는데 어느덧 잠이 듭니다. 참 역설적이지요. 이런 원리를 이용하는 겁니다.

발표나 면접에 적용해 보면, 내가 원래 느끼는 불안과 긴장보다 더 느끼려고 하다 보면 어느새 불안이 사라진다는 겁니다. 불안을 거부하는 것이 아니라 수용함으로써 불안이 줄어드는 효과이죠. 또한 심리적으로도 불안을 더 느끼려는 시도 자체가 나 스스로를 통제할 수 있다는 느낌이 들어 불안 대신 자신감이 생겨난다고 합니다.

이 방법을 응용하면, 내가 느끼는 긴장과 불안을 수용하는 것을 넘어 겉으로 표현해 볼 수 있습니다. 많은 연사들이 강연을 진행할 때, 지금 자신이 얼마나 긴장하고 있는지를 자연스럽게 또는 유머러스하게 표출합니다. 청중들이 보기에는 전혀 긴장한 것 같지 않은데 말이죠. 불안을 공개적으로 표현함으로써 스스로는 긴장을 줄이고, 청중과는 거리를 좁힐 수 있습니다.

'일부러 더 불안해지기' 기술을 정리해 보면 다음과 같습니다. 발표나 면접 직전에 긴장감이 심하고 불안할 때 어떻게든 더 긴장감을 끌어올리려고 하다 보면 어느덧 불안감이 사라집니다. 그래도 일말의 불안감이 남아 있다면 그것을 겉으로 표출하세요. "제가 지금 굉장히 긴장됩니다" "영광스러운 자리라 무척 떨리네요" 이렇게 말하는 것만으로 불안감은 한결 줄어들 거예요.

간혹 '일부러 더 불안해지기' 기술을 쓰려고 해도 효과가 잘 안 나타난다고 하는 사람들이 많아요. 불안감이 점점 더 커지기만 한다는데, 이럴 때를 대비한 특효약이 있습니다. 내가 발표를 제대로 하지 못하는 최악의 상황을 생각해 보세요. 그런 다음 스스로에게 질문해 보세요. '이 일이 실제로 일어날까?' 내가 상상하는 최악의 상황이 벌어지지 않는다는 것을 인지하는 순간, 불안감은 차차 잦아들 겁니다. 이 역시 불안을 극대화해서 불안을 무력화시키는 응용 기술이지요.

두 번째 기술은 '생각의 꼬리 자르기'입니다

이것은 발표나 면접 등 말하는 중간에 사용하기 좋습니다. 한창 말을 잘 이어 나가다 갑자기 불안해지는 경우가 있습니다. 숨이 가빠 오고, 손에 땀이 나면서 일순간 머릿속이 하얘지는 거죠. 이때 '아, 망했다' 하고 부정적인 생각이 꼬리에 꼬리를 물고 이어집니다. '생각의 꼬리 자르기' 기술은 꼬리에 꼬리를 물고 이어지는 생각을 싹둑 잘라 내는 겁니다.

이 기술을 실전에서 적용하는 방법은 사실 특별할 것이 없습니다. 생각이 꼬리에 꼬리를 물고 이어지면, 그냥 '컷cut, 괜찮아, 다시 하자' 또는 '컷cut, 일단 하고 보자'라고 생각하는 거예요. 즉, 미리 준비한 발표 내용이 아닌 다른 생각이 든다면, 일단 (머릿속으로) '컷!'을 외쳐 보는 거죠. 뭔가 특별한 기술을 기대했는데, 좀 성겁게 느껴지나요? 하지만 효과만큼은 굉장한 기술입니다. 발표나 면접이 진행되고 있는데, 자꾸 부정적인 생각이 이어진다면 머릿속으로 외쳐 보세요. '컷!' 그다음 준비한 것을 이어 가면 됩니다.

모든 기술이 그렇듯, 이 기술 역시 평소에 훈련해 두면 훨씬 쉽게 사용할 수 있습니다. 평소에 말을 하다가 횡설수설하는 것 같다면, 아무 말 대잔치를 하는 것 같다면 머릿속으로

'컷!'을 외처 보세요. 그리고 다시 차분하게 이어 나가면 됩니다. 이런 훈련이 반복되면, 발표 현장에서도 능숙하게 생각의 꼬리를 잘라 낼 수 있습니다.

발표 직전과 발표 중에 사용하면 좋은 불안관리 기술 2가지를 살펴보았습니다. 앞에서 살펴본 호흡법과 더불어 이 2가지 기술을 적절히 사용하면 스피치 상황에서 긴장과 불안을 잘 조절할 수 있습니다.

세 번째 기술은 '미래의 성공을 미리 경험하기'입니다

수많은 수강생을 만나 발표 불안을 코칭하면서 발견한 사실이 한 가지 있습니다. 원래는 말을 잘했는데, 특정한 경험을 계기로 말하기에 대해 공포를 갖게 되는 경우가 있다는 겁니다. 일종의 말하기 트라우마가 생겨서 말하기에 어려움을 겪는 것이죠. 이런 경우에 가장 효과적인 방법은 '미래의 성공을 미리 경험'하는 것입니다. 가상의 발표 상황을 만들어 지금까지 살펴본 기술들을 하나씩 적용해서 성공하는 경험을 쌓는 겁니다. 호흡도 해보고, 일부러 더 불안감을 끌어올려 보고, 생각의 꼬리도 잘라 보고, 또 말하기에 성공해서 다른 사람으로부터 긍정적인 피드백을 받는 상상을 합니다. 미래의 성공을 미리 경험하다 보면 과거의 부정적인 경험을 조금씩 지워 나갈 수 있습니다.

성공 경험이라는 말이 조금 모호하게 들릴 수 있겠지만, 여기에서 스피치를 잘해 냈다는 것보다 의미 있는 것은 다름 아닌 '몰입'의 경험입니다. 스피치에 100% 푹 빠져서 몰입하는 경험, 그래서 과거에 경험했던 부정적인 말하기 상황들이 애초에 떠오르지 않는 경험을 해보는 것이 주안점입니다.

발표 불안을 극심하게 느끼는 수강생에게 꼭 시켜보는 것이 있습니다. 다른 수강생들 앞에서 제법 긴 지문을 읽게 하는 거예요. 또박또박 읽어 보라고 하면, 발표 불안을 보이는 수강생을 거의 찾아보기 힘듭니다. 잘못 읽지 않기 위해, 읽는 것 자체에만 100% 집중하다 보니 몰입하게 되고, 그 순간 자신의 말하기 공포를 잊게 되는 것이죠. 이렇게 말하기 공포를 잊어 본 경험 자체가 충분한 몰입, 충분한 성공의 경험입니다.

충분히 준비하고 연습했는데도,
일말의 불안감이 더 남아 있다면
자연스럽게 표출하세요.
청중들에게 지금 내가 긴장하고 있다고 말하면,
그 순간 신기하게도 긴장감이 줄어듭니다.
한창 발표를 하고 있는데도
불안감이 도통 사라지지 않아
여러 생각이 꼬리에 꼬리를 물고 이어진다면,
머릿속으로 '컷!'을 외쳐 보세요.
이렇게 외치는 것만으로도 생각의 꼬리가 끊어지고
다시 발표에 집중할 수 있는 여유가 생깁니다.

2장

나에게 맞는
전달법
연습하기

나만의 스피치 정의를
만들어 보세요

스피치의 개념을 다시 한 번 확인해 보겠습니다. 스피치의 사전적 의미는 '다른 사람에게 자신의 주장과 의견을 말하는 것'입니다. 무척이나 광범위하게 들립니다. 한 사람과 이야기를 주고받는 '대화'와 '설득'도 스피치이고, 다수의 청중을 대상으로 하는 '웅변'과 '연설'도 스피치라고 할 수 있습니다. 그런데 꼭 청중의 수에 따라 정의하는 것은 아닙니다. 두 사람 이상이 모여 특정한 문제에 대해 자신의 주장을 펼치는 '토론'과 '토의'도 스피치이며, 자신의 작업물·작품·제품 등을 널리 알리기 위한 '발표' 역시 스피치에 해당합니다.

하지만 중요한 것은 이런 딱딱한 사전적 정의가 아닙니다.

우리는 스피치에 대한 자신만의 정의를 내릴 수 있어야 합니다. 저는 개인적으로 스피치가 무엇이냐고 물어보면 '커뮤니케이션 과정에서 신뢰를 만들어 내는 일련의 행위'라고 대답합니다. 사람과 사람 사이의 관계에서 가장 중요한 것은 신뢰라고 생각하기 때문입니다.

여러분이 생각하는 스피치의 정의는 무엇인가요?

그렇다면 이 세상에는 스피치의 정의가 80억 개쯤 존재하지 않을까 싶습니다. 지구상에 살고 있는 사람의 수가 약 80억 명이나 되니까요. 각자가 생각하는 스피치에 대한 철학과 기준이 저마다 다르다는 뜻입니다. 이런 관점에서 꼭 강조하고 싶은 것이 있는데, 스피치의 객관적인 정의에 현혹되지 말라는 것입니다.

스피치 책들을 보면 '스피치에서 중요한 것은 A다, 아니 B다, 아니 C다'라는 식으로 단정 지어서, 말하기를 두려워하는 사람들의 시선을 잡아끌고 있습니다. 이렇게 단정적인 메시지는 스피치를 두려워하는 사람들에게 환상을 심어 줍니다. A가 되었든 B가 되었든 C가 되었든 딱 하나만 고치면 자신의 스피치 실력을 끌어올릴 수 있다는 희망을 품게 만드니까요.

그러나 스피치의 정의는 아무래도 상관없습니다. 나만의 스피치 철학, 스피치를 통해 무엇을 이루고 싶은지가 명확히 정해져 있다면 말이죠. 스피치에서 특정한 요소가 제일 중요하다는 식의 사고방식은 오히려 스피치를 매우 협소하게 이해할 수 있는 우려를 낳습니다. 마치 복식호흡을 하고 뉴스 원고를 읽는 연습을 충실히 하면 모든 게 해결될 거라는 환상을 품게 되는 것처럼요.

나에게 맞는 스피치의 모습을 그려 보세요

우리는 여기서 스피치라는 것이 어떤 영역을 포함하고 있는지 확실하게 짚고 넘어갈 필요가 있습니다. 스피치라는 전체 그림을 알고 있어야 스피치 실력을 기르기 위해 무엇을 해야 할지도 명확해집니다. 자신이 스피치와 관련해 고민하는 지점이 무엇인지를 알아야 어떤 연습을 해야 할지 알 수 있는 것이죠. 그래서 저는 스피치 스킬업 로드맵을 먼저 그려 보라고 제안합니다.

스피치 실력을 기르는 목표가 토론을 잘하기 위한 것이든,

다른 사람들 앞에서 떨지 않고 멋지게 프레젠테이션을 하는 것이든, 친구들 사이에서 위트 있고 재미있는 사람으로 인정받기 위한 것이든 결국 꾸준한 연습 과정을 거쳐야 훌륭한 스피치를 할 수 있습니다. 단언컨대 이 과정에 지름길은 존재하지 않습니다.

스피치 스킬업을 위해 가장 우선적으로 해야 할 것은 '말하기 불안'을 극복하는 것입니다. 과거에는 재미와 감동을 주는 스피치를 하기 위해 학원을 찾는 사람들이 많았다면 최근에는 말하기 불안을 극복하고 싶어 스피치를 연습하는 사람들이 정말 많아졌어요. 다른 사람들 앞에서 말하는 것 자체에 문제가 없다면 그다음으로 필요한 것은 '내가 말하고자 하는 것을 상대방이 이해하기 쉽게 전달하는 것'입니다. 이때 필요한 것이 논리적 전달력입니다. 마지막으로 중요한 것은 청중이 지루함을 느끼지 않고 계속 스피치에 집중할 수 있도록 재미와 감동을 선사하는 것이지요. 그리고 전반적인 과정에 걸쳐

꾸준히 발음과 발성 그리고 말투를 갈고닦아야 합니다.

이때 각자의 상황에 따라 연습해야 하는 내용이 다를 겁니다. 예를 들어 똑같이 말하기 불안을 극복하고 싶어 하는 사람이라고 하더라도 '발표 상황'을 무서워하는지 '전화 통화'를 어색해하는지에 따라 다르게 접근해야 합니다. 논리적으로 말하고 싶다고 해서 대학 교수처럼 말할 필요는 없습니다. 상사에게 보고할 때 필요한 논리적 말하기인지, 신제품을 널리 알리기 위한 프레젠테이션에서 필요한 논리적 말하기인지에 따라서도 접근법이 달라야 하고요. 또한 소개팅에서 필요한 재미와 감동은 영업 현장에서 필요한 재미와 감동과 다를 겁니다. 따라서 자신의 스피치 목적에 따라 연습해야 할 세부적인 내용이 달라집니다. 현재 자신에게 필요한 것이 무엇인지 정확하게 아는 것, 거기서부터 성장이 시작됩니다.

스피치의 정의,

스피치에서 가장 중요한 요소 …

이런 단정적인 말들에 현혹되지 마세요.

딱 하나만 고쳐서

스피치 능력을 올리는 방법은 없습니다.

결국 가장 중요한 것은

나의 상황에 맞는 스피치 방법을 찾는 것입니다.

스피치에 대한 오해에서
벗어나세요

최근 몇 년간 유대인의 전통적인 교육법이 인기를 끌고 있습니다. 유대인의 독특한 교육법인 '하브루타'는 본래 유대교의 경전인 《탈무드》를 공부하는 방법인데, 현대에 와서 일종의 교육문화로 자리 잡았습니다. 저 역시 딸아이를 키우는 부모로서 관심을 가지고 살펴보고 있습니다.

하브루타의 핵심을 한마디로 정리하면 '두 사람이 모이면 3가지 의견이 나온다'는 유대인들의 격언이 아닐까 싶습니다. 유대인들은 학교에 입학해서 졸업할 때까지 한 명의 토론 파트너를 정해 지속적으로 대화를 나눈다고 해요. 이 한 쌍의 토론 친구들은 꾸준히 대화를 하며 의견을 교류하고, 자신의 의견을 논리적으로 전달하는 방법을 학습하고, 창의적인 아이디어를 생산하는 경험을 하게 된다고 합니다. 그 결과 유대인들은 전 세계에서 막강한 영향력을 행사하고 있습니다.

그런데 '하브루타'가 왜 한국에서도 인기를 끌었을까요? 여러 가지 이유가 있겠지만, 그중 하나는 한국인의 스피치에 대한 갈증 때문이라고 생각합니다. 서구 문화권에 비해 비교적 보수적인 문화 속에서 성장한 한국인들 중 스피치를 잘한다고 자신 있게 손 들 수 있는 사람은 드물 겁니다. 아니, 거의 없겠지요. 그러나 스피치의 중요성은 모두 다 인지하고 있기에 어릴 때부터 웅변학원에 보내기도 하고, 토론식 교육의 중요성을 알아보다가 하브루타 같은 먼 나라의 교육방식에도 관심을 가지게 된 겁니다.

이처럼 현대인에게 스피치는 정말 중요합니다. 스피치는 우리의 꿈을 이루어 주는 가장 유용한 도구이기 때문입니다. 전업 소설가라거나 요즘 유행하는 웹소설 작가들처럼 오롯이 글로써 세상과 소통하는 사람이 아니라면 자기 자신을 세상에 내보이는 방법은 스피치밖에 없지 않을까요? 물론 작가들도 독자들과 원활하게 소통하려면 스피치를 잘해야 합니다. 이러나저러나 스피치는 우리 모두에게 필수인 셈이지요. 이번 장에서는 이렇게 중요한 '스피치에 대한 오해'를 살펴보고자 합니다.

오해 1 | 스피치는 배워서 되는 것이 아니다

스피치에 대한 가장 보편적인 오해는 배워서 되는 것이 아니라고 생각하는 겁니다. 말을 잘하는 사람은 타고난다는 것이지요. 일견 틀린 말은 아닙니다. 그러나 타고나지 않아도 말을 잘할 수 있는 방법은 충분히 많습니다. 우선 제가 그 산증인입니다. 다른 사람들 앞에 서면 심장이 두근거리고 머릿속이 하얗게 변해 버렸던 저는 피나는 노력 끝에 아나운서가 되었고, 지금은 말로써 사람의 마음을 움직이는 방법을 가르치고 있습니다. 스피치에 대한 오해 중 가장 먼저 바뀌어야 하는 것은 스피치가 선천적인 재능이라는 겁니다. 스피치는 충분히 배워서 개선하고 변화시킬 수 있는 기술입니다.

오해 2 | 발음과 복식호흡을 연습해야 한다

스피치에 대한 두 번째 오해는 스피치를 잘하려면 입에 볼펜을 물고 발음 연습을 하거나 복식호흡을 연습해야 한다는 것입니다. 저 역시 한때 입에 볼펜을 물고 '가갸거겨고교'를 연습하며 발음을 교정해 보고, 깊은 복식호흡을 연습하느라 꽤 고

생을 하기도 했습니다.

그럼 이제 잠깐 자세를 고쳐 앉아 어깨도 툭툭 털고, 허리를 곧추세운 뒤 코로 깊은 호흡을 들이쉬고 내쉬기를 서너 차례 반복해 볼까요? 그리고 다음 문장을 발음해 보세요.

'서울특별시 특허허가과 허가과장 허과장'
'경찰청 창살은 쇠철창 창살'
'철수 책상 철책상'

아마도 혀가 꼬이면서 잘 안 될 거예요. 그래도 몇 번 더 연습해 볼까요? 스피치 실력이 좀 늘었다고 느껴지나요? 이 연습을 계속하면 토론을 잘할 수 있다는 생각이 드나요? 아마 많은 분들이 그렇지 않다고 생각할 겁니다. 맞습니다. 또렷한 발음과 발성은 전달력을 높이는 데는 도움이 되지만, 논리적으로 말하는 데는 크게 영향을 미치지 않습니다.

그럼에도 불구하고 많은 스피치 학원에서 발음과 발성을 가르치는 데는 나름의 이유가 있습니다. 우선 발음과 발성은 단시간 내에 개선 효과가 크기 때문입니다. 짧은 기간이라도 발음과 발성을 집중적으로 연습하면 확연히 달라진 모습을 보일 수 있고, 이것은 곧 스피치에 대한 자신감으로 이어지죠.

긍정적인 효과가 분명히 있습니다. 저 역시 발성과 발음에서 비롯되는 기본적인 전달력을 굉장히 중요하게 생각하기 때문에 실제 수업에서는 발성과 발음의 기본기를 닦는 데 큰 에너지를 할애합니다. 다만, 제가 하고 싶은 말은 발음과 발성이 스피치의 전부는 결코 아니라는 사실입니다. 스피치에서 중요한 것은 전달력뿐만 아니라 논리적 구조와 충실한 내용입니다. 발음과 발성이 좋다고 해서 스피치 실력이 느는 것은 아니므로, 종합적인 스피치 능력 향상을 위해서는 다양한 측면에서 꾸준한 연습과 노력이 필요합니다.

오해 3 │ 특정 직업이 스피치 실력을 보장한다

스피치에 대한 세 번째 오해는 특정 직업이 곧 스피치 실력을 보장한다는 생각입니다. 예를 들어 아나운서는 무조건 말을 잘한다고 생각하는 것이죠. 이것은 사실 두 번째 오해에서 비롯되는 것입니다. 신뢰감 있는 목소리와 명료한 발음으로 말하는 아나운서를 보면 말을 잘한다고 느껴집니다. 실제로 많은 아나운서들이 달변가이기도 하고요. 그러나 엄밀하게 말하자면 아나운서라는 직업 자체가 스피치 실력을 보장하는 것은 결코 아닙니다. 또 법정에서 논리로 다퉈야 하는 변호사라고 해서 모두 다 말을 잘하는 것도 아닙니다.

이런 가정을 한번 해볼까요? 명확한 발음과 안정적인 목소리를 갖고 있지만 논리가 빠진 스피치를 하는 아나운서, 그리고 철저한 논리로 무장했지만 뭉개지는 발음과 쉿소리로 말하는 변호사를 떠올려 보세요. 어느 한쪽도 말을 잘한다고 하기 어려울 겁니다. 즉, 특정 직업이 곧 말하기 실력을 대변하는 것은 아닙니다.

오해 4 | 대본을 달달 외우면 된다

스피치에 대한 네 번째 오해는 대본, 스크립트를 잘 써서 달달 외우기만 하면 된다는 것입니다. 대본과 스크립트의 역할은 매우 중요하죠. 실제로 중요한 발표와 회의 등을 앞두고 있을 때는 반드시 대본을 만들고 충분히 숙지해야 합니다. 그러나 완벽한 대본 암기가 곧 스피치 실력으로 이어지는 것은 아닙니다. 논리적인 스크립트를 준비하는 것은 말 그대로 기본일 뿐, 중요한 것은 그것을 어떻게 전달하느냐의 문제입니다. 스피치는 단순히 주어진 원고를 읽는 것 그 이상을 전달해야 합니다.

스피치에 대해 너무나 많은 오해가 있습니다.
그럴 수밖에 없는 이유는
스피치는 여러모로 신경 써야 할 포인트가
많기 때문입니다.
한 번쯤은 스피치에 대한 오해를
꼼꼼하게 살펴보세요.
스피치에 대한 인식을 바꾸는 것만으로도,
스피치 실력이 한층 더 올라갈 겁니다.

MODE 스피치 연습법

이제부터 MODE 스피치 연습법을 알려 드릴게요.

Me	자기 분석
Opinion	생각 정리
Delivery	전달
Embodiment	내재화

MODE 스피치 연습법은 표와 같이 총 4단계에 걸쳐 연습하는 거예요. 앞서 살펴본 '우아한 말하기 5원칙'은 말하기의 전제, 즉 원리원칙이라고 할 수 있습니다. 따라서 그 원칙들을 잘 지키는 것만으로도 충분히 우아하게 말할 수 있지요. 다만

세상의 원리원칙이 대개 그렇듯이 단번에 흡수하기가 쉽지 않아요. 머리로는 알아도 자꾸 까먹기도 하고, 잘 적용이 안 되기도 합니다.

MODE 스피치 연습법은 구체적인 목표를 달성하기 위한 말하기 연습법입니다. 중요한 발표나 면접에 효과적으로 적용할 수 있고, 자신의 말하기 방식을 바꾸고 싶을 때도 활용할 수 있습니다.

스피치의 시작은 자기 분석(Me)입니다

첫 시작은 'Me', 즉 나를 분석하는 것입니다. 다음 템플릿을 활용해 자기 자신을 분석해 보기 바랍니다.

자기 분석 사항은 크게 6가지입니다. 우선 스스로 생각하는 자신의 이미지를 적어 봅니다. 그리고 다른 사람이 생각하는 나의 이미지를 적어서 비교해 보는 겁니다. 이때 다른 사람이 생각하는 나의 이미지는 내가 상상해서 적는 것이 아니라, 실제로 다른 사람에게 물어보고 적어야 합니다. 친한 친구, 지인, 가족, 회사 동료들에게 한번 물어보고 적어 보세요. 스스로 생각한 것과 일치한 내용도 있을 것이고, 그렇지 않은 내용

내가 생각하는 나의 이미지	타인이 생각하는 나의 이미지
1.	1.
2.	2.
3.	3.
4.	4.
5.	5.
나의 말하기 강점	**나의 말하기 약점(버려야 할 습관)**
1.	1.
2.	2.
3.	3.
4.	4.
5.	5.
실전에서 보여 줘야 하는 모습 (목적, 사람, 장소)	**실전에서 보여 주고 싶은 모습**
1.	1.
2.	2.
3.	3.
4.	4.
5.	5.

도 있을 겁니다.

그다음으로 자신의 말하기 강점과 약점을 나누어 적어야 합니다. 여기서 꼭 강조하고 싶은 내용이 하나 있습니다. 수강생들에게 자신의 말하기 강점을 적어 보라고 하면 다들 어려워합니다. 대부분 조금 고민하다가 도무지 자신 없다고 말하죠. 말하기에 자신이 없으니 학원에 찾아온 것 아니냐고 말하는 분들도 있고요. 하지만 당장 말하기 강점을 찾지는 못하더라도 '말하기 강점으로 계발할 수 있는 좋은 자원들'은 분명히 있을 겁니다. 잘 듣는 것, 상대방에게 호응을 잘해 주는 것, 사려 깊은 태도. 이런 것들이 모두 말하기의 강점이 될 수 있는 자원이지요. 자신의 강점을 최대한 끌어내 주세요.

다음으로 실전에서 보여주고 싶은 나의 모습을 정리해 봐야 합니다. 그 전에 진행해야 할 것이 내가 스피치를 해야 하는 상황을 잘 이해하는 것입니다. 스피치의 목적purpose, 사람people, 장소place를 고민해 보세요. 그리고 이 상황에 맞는 가장 이상적인 스피치 모습을 여러 개 적어 봅니다. 꼭 하나일 필요는 없어요. 이렇게 정리해 본 다음 내가 보여 주고 싶은 모습을 적어 보세요. 그 전에 어떤 모습이 요구되는지 살펴보는 이유는 단순합니다. 내가 보여 주고 싶은 모습이 그 상황에 적합하지 않을 수 있기 때문이죠.

이렇게 6칸을 채워보는 것만으로 '스피치'에 있어서 나의 현 상황을 면밀히 검토할 수 있습니다. 그리고 내가 보여주고 싶은 이미지를 위해 어떤 점을 강화하고 보완해야 하는지 알 수 있어요. 반드시 빈칸을 채워 보세요.

자기 자신을 분석하다 보면 스스로에게 실망하기도 하고, 좌절에 빠지기도 합니다. 그러나 우리가 스스로를 분석하는 이유는 강점을 강화하고 개선하기 위함입니다. 다시 말해 개선하기 어려운 것은 애써 바꾸려 하기보다 있는 그대로 받아들여 자신의 개성으로 승화시키는 것이 보다 현명한 방법입니다. 자기 자신을 오롯이 받아들인 사람은 쉽게 흔들리지 않습니다. 자기 자신을 담대하게 받아들인 사람의 말은 단단하기 그지없습니다.

준비해야 하는 스피치가 있다면,

일단 자기 자신을 분석하는 것에서 시작하세요.

이때 자기 자신의 강점은 강화하고,

개선할 수 있는 것은 개선하되,

바꿀 수 없는 것이라면

담대하게 받아들여야

흔들리지 않고 단단하게 말할 수 있습니다.

생각에 구조와 논리를 달아 보세요

자기 분석은 단번에 끝나는 작업이 아닙니다. 너무 조급하게 생각하지 말고 천천히 해보세요. 사람은 누구나 시간이 흐르면서 자기만의 습관이 생기기 때문에 주기적으로 자기 분석을 하는 것은 큰 도움이 됩니다.

　이번에는 생각 정리Opinion와 전달Delivery을 한 번에 다룰 거예요. 스피치 영역에서 이 2가지는 큰 공통점을 가지고 있는데, 바로 논리가 탄탄해야 한다는 것입니다. 어지럽게 펼쳐져 있는 생각을 논리적으로 명확하게 정리해야, 그것을 온전하게 전달할 수 있습니다(전달과 관련해 논리 외적인 내용은 우아한 말하기의 다섯 번째 원칙인 '비언어로 환대하세요'를 참고해 주세요).

MECE를 활용해 논리적(Opinion)으로 말하세요

우선 논리란 무엇인지 한번 살펴볼까요? '논리'의 사전적 의미는 '말이나 글에서 사고나 추리 따위를 이치에 맞게 이끌어 가는 과정이나 원리'라고 되어 있습니다. 그리고 '사물 속에 있는 이치 또는 사물끼리의 법칙적인 연관'이라는 뜻도 있지요. 알 듯 말 듯 조금은 어려운 정의인데, 우리에게 필요한 논리는 첫 번째 정의에 가깝습니다. 어떤 주장 또는 말의 결론에 다다르기까지의 과정이 이치에 맞고 합리적인 것을 논리라고 할 수 있습니다. 여전히 추상적으로 들리나요? 조금 더 쉽게 설명해 보겠습니다.

스피치를 할 때에는 명확한 목적이 있습니다. 이 스피치를 통해 청중들에게 기대하는 반응이 있지요. 여러분은 무엇을 기대하시나요? 감동을 주거나, 설득하거나, 아니면 청중이 어떠한 정보를 명료하게 이해하거나 또는 어떤 행동을 하게 만드는 것입니다. 우리의 스피치는 이러한 지향점을 향해 차근차근 나아가는 과정입니다. 논리가 매끄럽다는 것은 지향점을 향해 나아가는 과정에서 어긋남이 없고 맥락이 잘 이어진다는 것입니다. 만약 논리가 매끄럽지 않으면 눈앞에 있는 지향점을 두고 에둘러 빙 돌아가거나 거친 자갈밭을 걸어가는 것처럼 불편함이 느껴지겠지요.

눈치가 빠른 분들은 이 비유를 듣고 벌써 알아차렸을 겁니다. 논리적으로 말하기 위해서는(내 생각을 논리적으로 정리하기 위해서는) 지향점이 있어야 합니다. 그 지향점은 결국 상대방이 나의 스피치를 듣고 나서 변화가 나타나는 지점입니다. 기존에 이해하지 못했던 것을 이해하거나, 기존에 행동하지 않았던 것을 행동하게 되는 것처럼 구체적인 변화를 염두에 두어야 합니다. 그리고 어떻게 하면 이 지향점에 도달할 수 있을지 거꾸로 생각해 보는 겁니다. 이때 생각을 논리적으로 정리하고 전달하는 첫걸음은 다음과 같습니다.

1) 내 스피치의 지향점을 정한다. 지향점이란 내 스피치를 듣고 상대방에게 일어나는 변화이다.
2) 해당 지향점에 도달하려면 어떤 이야기가 필요한지 지향점에서부터 거꾸로 생각한다.

우리는 보통 '그래서 결론이 뭔데?So, What'라는 말을 많이 씁니다. 여기서 말하는 '결론'이 위에서 언급한 '지향점'을 말합니다. 그런데 스피치의 내용을 앞에서부터 구성해 나가다 보면 도달하고자 하는 지향점에 도착하지 못하고 중간에 길을 잃을 수 있습니다. 이 경우 듣는 사람은 결론이 무엇인지, 지향점이 어디인지, 그래서 이 말은 어디를 향해 나아가고자 하는 것인지 반문하게 되지요.

구체적인 예를 들어 볼게요. 아이가 편식하지 않고 골고루 먹어야 한다는 주제로 스피치를 한다고 생각해 볼까요? 여기서 도달하고자 하는 지향점은 무엇일까요? '편식하지 않는다'일 것입니다. 이 스피치를 듣고 편식을 그만두고 음식을 골고루 먹게 된다면 100점일 것입니다.

이제 거꾸로 생각해 보겠습니다. '편식하지 말아야 한다'는 이야기를 하기 직전에 어떤 이야기를 먼저 해야 할까요? 편식

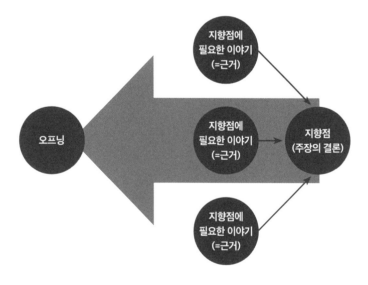

을 하면 어떤 점이 안 좋은지 편식의 단점을 이야기하면 매끄럽게 이어질 것 같습니다. 편식의 단점을 이야기하려면 또 어떤 이야기를 하면 좋을까요? 이런 식으로 스피치가 도달하고자 하는 지향점을 먼저 설정한 다음 그 결론과 가장 가까운 이야기가 무엇인지 하나씩 차근차근 거꾸로 정리해 나가는 것입니다.

이렇게 하나의 지향점을 향해, 다시 말해 결론에 도달하는 데 필요한 말들을 쭉 정리하다 보면 그 자체로 논리가 형성됩니다. 다만 그 논리가 두서없을 때가 있지요. 이럴 때 근거들을 잘 정리하기 위해 유용한 개념이 바로 MECE입니다.

MECE란 'Mutually Exclusive, Collectively Exhaustive'의 약자인데, 논리적 사고에 특화된 컨설턴트들이 고안해 낸 것입니다. MECE는 쉽게 말해 상호 간에 중복되지 않고, 전체적으로 통합적이어야 한다는 뜻입니다. 즉, 어떤 주장의 근거가 중복되거나 누락되지 않아야 한다는 개념입니다. 저는 수강생들과 대화를 나누는 과정에서 논리적이지 못한 말하기의 공통점을 깨달았습니다. 어떤 주장을 할 때 서로 중복되는 근거를 대거나 근거가 누락되는 경우가 많다는 것이죠. 이처럼 MECE하지 못한 사례를 살펴보면 다음과 같습니다.

스마트폰 시장을 분석하려는 마케터가 있습니다. 이 마케

터는 스마트폰 시장의 고객을 남성 고객, 여성 고객 그리고 중년층으로 구분했어요. 그런데 여기에는 어떤 오류가 있을까요? 우선 2가지 기준을 동시에 적용했습니다. 성별로 나누기도 했고, 연령으로 나누기도 했죠. 연령으로 나누면서 청년층과 노년층은 제외하고 중년층만 포함했지요. 즉, 누락된 부분이 있다는 겁니다. MECE는 근본적으로 모든 이야기가 통합적이어야 한다는 개념입니다. 즉, 전체적으로 누락되는 부분이 없어야 한다는 것이죠. 여기서는 청년층과 노년층이 누락되었고, 남성 중년층과 여성 중년층이 중복되었습니다.

MECE의 개념은 바둑판과 같은 구조라고 생각하면 쉬울 거예요. 가령 바구니 하나에 공이 가득 들어 있는데, 공이 몇 개냐고 물어보면 사람들은 이것을 하나하나 세어야 합니다. 반면 가로 4칸 세로 10칸짜리 바둑판에 칸마다 바둑알이 하나씩 놓여 있는데 이것이 모두 몇 개냐고 물어보면 누구나 금세 40개라고 알아차릴 거예요. 바둑알이 어느 칸에 빠져 있는지, 어느 칸에 2개가 들어가 있는지도 한눈에 알아볼 수 있지요. 이처럼 구조가 명확할수록 사람들은 쉽게 이해할 수 있습니다.

논리적 사고를 기반으로 한 논리적 말하기는 정말 많은 연습이 필요합니다. 처음에는 조금 막막하게 느껴질 수 있습니다. 그럴 때는 이미 논리적으로 체계화된 구조를 이용해서 연습하는 것을 추천합니다. 이 책의 부록에 논리적 스피치 구조 예시를 템플릿 형태로 실어 두었는데, 하나씩 따라 하면 금세 논리적 스피치에 익숙해질 거예요.

나의 스피치를 제대로 전달(Delivery)해 보세요

생각을 논리적으로 정리했다면, 이제는 잘 전달해야 합니다. '우아한 말하기 5원칙'에서 알려 드린 전달 방법과 별개로 스피치를 할 때는 특별히 신경 써야 하는 부분이 있습니다.

첫째, 다시 한 번 강조하지만 '목적'입니다. 이 스피치를 통해 상대에게 어떤 변화가 일어나길 기대하는지 목적을 명확하게 설정해야 합니다.

둘째, '청중'입니다. 청중의 나이, 관심사, 배경지식, 선호도 등을 면밀하게 알아야 합니다. 기본적으로 청중을 분석할 때는 보수적으로 접근할 것을 추천합니다. 경험에 따르면, 내가 알고 있는 것을 상대방도 당연히 알고 있을 거라고 생각하기보다 아무것도 모르는 사람에게 차근차근, 그러나 간결하게 설명한다는 마음가짐을 갖는 것이 더 효과적입니다.

셋째, 많은 사람들이 놓치는 부분인데 '스피치 환경', 즉 장소를 반드시 점검해야 합니다. 야외인지 실내인지, 마이크를 활용해야 하는 곳인지, 쉽게 졸음이 쏟아지는 곳인지 등 나의 스피치가 울려 퍼지는 환경에 따라 성공 여부가 달라질 수 있습니다.

논리적인 스피치는 결코 어렵지 않습니다. 그저 훈련과 연습이 필요할 뿐이지요. 논리적인 스피치는 단순히 정보를 전달하는 것을 넘어 청중의 마음을 움직이고 변화를 이끌어 내는 강력한 도구입니다. 변화란 늘 어렵습니다. 쉽게 변화된 것일수록 쉽게 원상복구되지요. 누군가에게 감동을 주고, 누군가를 설득하고, 누군가에게 행동을 촉구하고 싶다면 논리적인 스피치가 큰 힘이 되어 줄 것입니다. 하고자 하는 말이 명확하고, 그에 대한 근거가 체계적으로 정리되어 있을 때 우리가 전달하고자 하는 메시지는 그 무엇보다 눈부시게 빛날 테니까요.

논리적 스피치를 하기 위해서는

1) 스피치의 목적을 설정한다.

2) 해당 목적을 이루기 위해 어떤 이야기를
   해야 하는지 거꾸로 정리한다.

3) 2의 과정에서 필요한 근거, 이야깃거리들을
   MECE하게 정리한다.

4) 내 스피치를 듣는 청중에 대한 정보를 확인한다.

5) 스피치를 해야 하는 장소의 특성과 시간대를
   점검한다.

6) 논리적인 스피치가 어렵다면 일단 구조화된
   템플릿에 먼저 익숙해지도록 연습한다.

스피치는 연습만이
답이에요

MODE 스피치의 마지막 글자 E는 내재화Embodiment를 뜻합니다. 스피치 실력을 쌓는 데에는 왕도가 없습니다. 빨리 갈 수 있는 지름길이 없다는 것이죠. 나 자신의 장단점을 알고 생각을 논리정연하게 정리해서 전달하는 연습을 수도 없이 반복해야 합니다. 여기에서는 수년간 다양한 배경을 가진 사람들의 말하기를 지도하며 깨우친 스피치 연습법을 소개할게요. 이 방법을 통해 스피치가 자연스러워지고 결과적으로 내재화될 것입니다.

스피치 스크립트를 만들어 보세요

첫 번째, 스피치 스크립트를 구어체로 만드는 연습이 필요합니다. 스피치 연습을 처음 하는 사람들은 스피치 자체가 익숙하지 않다 보니 스크립트를 문어체로 작성하는 경우가 많습니다. 스피치에 숙달되고 나면 문어체로 스크립트를 작성해도 실제로 말할 때 자연스럽게 표현할 수 있지만, 이는 실력이 웬만큼 쌓인 이후에 가능합니다. 따라서 처음 스크립트를 만들 때는 실제 말을 하듯 구어체로 작성해야 합니다.

스크립트를 작성하는 것이 너무 어렵다면 무작위로 단어 하나를 고르고, 이에 대해 1분 동안 이야기하는 연습이 효과적입니다. 일단 어떻게든 1분을 채워 보는 연습을 하는 것이죠. 차차 시간을 늘려 가는 과정에서 논리가 있든 없든 어떻게든 말을 해내는 순발력을 기를 수 있습니다. 실제로 말하는 연습을 할 때는 거울 앞에서 하는 것을 추천합니다.

물론 거울 앞에서 말하려면 굉장히 어색할 거예요. 그렇지만 거울에 비친 자신을 보며 연습하면 자신감을 키우는 데 효과적입니다. 자꾸 하다 보면 분명 익숙해집니다. 자신이 말하는 모습에 익숙해져야, 수많은 청중 앞에서 말하는 자신의 모습이 어떨지 충분히 상상할 수 있기 때문에 긴장이 줄어듭니다.

자신의 스피치 모습을 촬영해 보세요

두 번째로, 자신이 말하는 모습을 촬영해 구체적으로 분석해 보세요. 거울 앞에서 스피치를 하는 것과 유사하지만, 자신의 버릇이나 습관을 면밀하게 관찰하려면 동영상을 찍어서 직접 확인해야 합니다. 영상을 보면 자신의 부족한 점을 확실하게 알 수 있습니다. 삼각대를 이용해 전신의 모습을 촬영하면 더 유익합니다.

촬영 영상을 분석할 때는 크게 3가지 관점에서 접근해야 합니다. 우선 정리한 스크립트가 매끄럽게 전달되고 있는지 살펴봅니다. 그다음으로 말투, 억양, 발음, 목소리, 말의 속도 등을 살펴보고, 시선 처리나 손짓, 고개 움직임 등 비언어적 요소도 확인해 보세요. 무엇보다 중요한 것은 분석한 결과를 통해 개선할 요소를 찾았다면 그것을 실제로 개선하기 위해 노력하는 것입니다. 이때 한 번에 모든 걸 고치려고 하지 마세요. 목표를 작게 세워야 효과적입니다. 한 번에 하나씩만 고쳐 나가도 충분합니다.

셀프 촬영과 관련해 효과적인 팁을 하나 더 알려 드릴게요. 동영상을 유튜브 채널에 비공개로 올려 보세요. 그리고 영상을 재생할 때 자막 생성 기능을 활용하면, 자신의 발음 중 어떤 것이 부정확한지 알 수 있습니다. 촬영이 여의치 않다면 클로바노트 앱을 이용해 녹음해 보세요. 클로바노트를 켜고 실제 상황처럼 스피치를 해보는 겁니다. 자신이 말하는 내용이 얼마나 정확하게 입력되는지 보면서 발음은 물론, 억양과 읽기 속도를 조절하는 연습을 할 수 있습니다.

롤모델을 찾아 벤치마킹을 해보세요

셀프 촬영을 통해 어느 정도 개선이 이루어지고 스피치가 익숙해졌다면, 그다음은 롤모델을 선정해 벤치마킹을 합니다. 셀프 촬영만 반복하다 보면 단점을 개선할 수는 있어도, 현재 실력 이상으로 성장하기에는 한계가 있어요. 우선 스피치 분야에서 닮고 싶은 사람을 선정해 그 사람의 영상을 찾아보세요. 5분에서 10분 정도의 영상이 좋습니다.

이때도 3가지 측면에서 분석해야 합니다. 우선 내용을 분석할 때는 스피치의 구조를 파악합니다. 어디서부터 어디까지가 서론에 해당하는지, 핵심 주장은 무엇이고, 그 주장을 위해 어떤 근거를 가져왔는지, 그리고 결론을 어떻게 마무리했는지를 꼼꼼하게 살펴보세요. 그다음으로 목소리의 억양, 말투, 속도,

강약 조절 등 언어적 요소와 몸짓이나 표정 등 비언어적인 요소도 분석합니다. 그리고 장점과 단점을 모두 정리해 보세요. 장점 중 쉽게 따라 할 수 있는 것부터 해보고, 단점은 내가 비슷한 실수를 하고 있지 않은지 돌아보는 기준으로 삼으세요.

전문가의 피드백을 받으세요

스피치 연습법의 3가지 과정을 계속 반복하다 보면 스피치의 기본기가 확실히 잡힙니다. 그리고 이 시점에서 중요한 것은 다른 사람에게 피드백을 받는 것입니다. 셀프 촬영한 영상으로 피드백을 받아도 좋지만, 가장 좋은 것은 역시 실전이지요. 토론 클럽이나 토스트마스터즈*와 같이 대중 스피치를 연습하는 모임에 참여해 꼭 실전 경험을 쌓을 것을 추천합니다. 면접을 준비하는 사람이라면 모의면접 스터디에 참여하는 것도 큰 도움이 됩니다.

이때 주의할 점은 모임에서 받는 피드백은 적절히 취사 선

---

* 토스트마스터즈는 커뮤니케이션 능력과 리더십을 기르는 것을 목표로 하는 비영리 단체입니다. 미국에서 시작되었지만 국내에도 수많은 클럽이 개설되어 활발하게 운영되고 있습니다. 클럽별로 운영 방침이 다른데, 기본적인 정보는 www.toastmasters.org에서 확인할 수 있습니다.

택해야 한다는 것입니다. 스피치에 대해 전문적으로 훈련받지 않은 사람들의 피드백은 주관적이고 편향될 수 있습니다. 물론 이를 반대로 생각하면 대중의 의견이라고 볼 수도 있지요. 그렇기 때문에 자신의 스피치에 대한 전반적인 인상과 느낌 정도만 받아들이고, 섬세한 부분까지 구체적으로 개선하려면 전문가의 도움을 받는 것이 좋습니다.

스피치는 연습만이 답입니다. 수없이 반복되는 연습 끝에 비로소 자신감을 갖게 될 거예요. 처음에는 거울 속의 나를 바라보며 말하는 것이 낯설고 어색하겠지요. 더구나 영상 촬영은 더더욱 내키지 않을 겁니다. 그 마음 저도 잘 알고 있습니다. 녹음된 제 목소리를 처음 들었을 때는 어찌나 놀랐던지요. 그렇지만 거울 속의 내 모습이든 녹음된 내 목소리든 익숙하지 않고 낯설 뿐, 잘못되거나 이상한 것이 아닙니다. 그동안 내가 소홀했던 나의 모습에 관심을 가져야 합니다. 스피치 기술을 내재화하는 것은 단순히 기술을 습득하는 것이 아닙니다. 이 과정에서 자신을 다시 한 번 돌아보고, 몰랐던 나의 모습을 알게 되고, 나를 더 사랑하게 되고, 그렇게 자신감을 넘어 자존감을 쌓아 가는 과정입니다. 더불어 나의 이야기를 세상에 전달하는 용기를 가질 수 있습니다. 조금은 낯설고 어색하더라도, 꼭 연습해 보길 권합니다.

스피치 기술을 내재화하는 과정에서
우리는 자신감과 자존감,
그리고 용기를 기를 수 있어요.
우선 구어체 스크립트를 만들어 보세요.
그리고 거울 앞에 서서 스피치를 해보는 겁니다.
자신의 모습을 영상으로 촬영해 꼼꼼히 분석해 보고,
웬만큼 기본기가 쌓이면 롤모델을 정해
벤치마킹을 하세요.
실력이 쌓인 뒤에는 반드시 실전을 경험해야 합니다.
낯선 사람들 앞에서 말하는 환경에 적응해 보세요.
이후로 한 단계 더 성장하기 위해서는
전문가의 조언을 받으세요.

때 묻지 않은
순수한 아이들 같은 한마디

저는 늘 스스로 도전해 보고 성취하는 것을 좋아합니다. 이 때 제 도전의 여정에는 항상 사람이 있습니다. '말로써 사람을 세운다'는 비전으로 스피치 학원을 경영하고, 더 많은 사람을 세우기 위해 에듀테크 기업을 창업했습니다. 제가 말을 하는 현장은 학원, 온라인 플랫폼, 기업 등 제법 다양하지만, 모든 현장에 녹아 있는 것은 '말하기로써 다른 사람이 꿈을 이루는 것을 돕겠다'는 저의 사명입니다. 이 사명을 좇다 보면 여러 도전에 마주하게 됩니다.

사실 이 책을 쓰는 것 자체가 저에게는 큰 도전이었어요. 스피치 전문가로서 말하는 것에는 익숙하지만, 그 경험과 지식을 글로 옮기는 일은 전혀 다른 차원의 과제였거든요. 이 도전의 끝에서 여러분과 만나게 되어 정말 기쁩니다.

　마지막으로 들려드릴 이야기는 우아한 말을 수집하는 비법에 대한 이야기입니다. 저는 오랫동안 말하기를 연구하고 가르치면서, 늘 더 나은 표현 방법을 찾아 헤매고 있습니다. 책을 읽다가도, 강연을 듣다가도, 영화를 보다가도 제 마음을 울리는 말을 들으면 귀담아듣고 메모를 합니다.

　그런데 어느 날, 제 딸과의 소소한 대화가 저에게 새로운 깨달음을 주었습니다. 딸의 한마디는 제가 말하기를 연구하는 방식에까지 영향을 미쳤지요. 때로는 우리 주변의 작은 순간들이, 특히 순수한 아이들의 말 한마디가 우리의 표현을 얼마나 풍성하게 만들고, 감동을 줄 수 있는지 그날 깨닫게 되었답니다. 여러분도 일상에서 예기치 못한 순간에 깨달음을 얻은 경험이 있나요?

　제법 더웠던 날로 기억합니다. 딸과 함께 물을 마시고 있었어요. 홀짝홀짝 물을 마시다 보니 제 컵의 물은 어느덧 반으로 줄었죠. 그때 무심코 "엄마 물이 반밖에 안 남았네"라고 말했습니다. 그러자 딸이 나에게 한마디를 던집니다. "엄마, 내 물이랑 합치면 많아지잖아! 엄마 물만 생각하지 말고."

이 단순한 대화가 제게 큰 깨달음을 주었어요. '물이 반이나 남았네' '물이 반밖에 안 남았네'처럼 관점에 따라 다르게 볼 수 있다는 비유는 많이 들어 봤지만, 우리의 물을 합치면 더 많아질 거라는 너무나 당연한 말에서 따뜻함과 사랑을 느꼈습니다. 딸의 말을 듣기 전까지 저는 어떤 말이 감동적인지 명확한 기준이 없었던 것 같아요. 그런데 지금은 확실히 말할 수 있습니다. 있는 그대로 바라보는 순수함과 따뜻함이 담긴 말이야말로 사람의 마음을 울리는 것 같아요.

저에게 딸의 말은 단순히 물을 나누는 것에 대한 이야기가 아니었어요. 저는 소위 말하는 K-장녀로, 항상 모든 것을 혼자 책임지려고 했어요. 스스로 알아서 하고 혼자 문제를 해결해 왔기에, 너와 나의 것을 합치면 된다는 말이 퍽 새롭게 들렸습니다. '함께'의 가치를 되새기게 되었던 것이죠. 돌이켜 보면 세상에 혼자 해낼 수 있는 것은 그리 많지 않아요. 학원을 경영하는 데는 동료 선생님들의 도움이 절대적이고, 늘 새로운 길을 가야 하는 스타트업의 세계에서도 팀워크가 필수입니다. 어디 이뿐이겠어요. 딸이 던진 순수한 말 한마디가 마치 잔잔한 물에 조약돌을 던진 것처럼, 제 안에서 생각이 이리저리 뻗어 가며 새삼 저와 함께하는 분들에 대한 감사함이 차올랐답니다.

이 작은 에피소드를 통해 저는 주변 아이들의 말하기를 더욱 유심히 살펴보게 되었습니다. 순수한 표현, 감사의 표현이 그 무엇보다 큰 감동을 주더군요. 우리는 때때로 감동을 주기 위해, 멋진 인상을 남기기 위해 말 한마디에 한껏 힘을 주곤 합니다. 유려한 표현, 적확한 어휘를 사용하며 촌철살인의 문장을 구사하려고 하지요. 물론 이런 멋진 문장들도 분명 깊은 인상을 주겠지만, 더 오래오래 기억되는 것은 꾸밈없는 순수함, 따뜻함이 가득한 한마디라고 믿습니다.

이따금 아이들의 말에 귀 기울여 주세요. 때 묻지 않은 아이들의 순수한 표현에서 많은 영감을 얻을 수 있습니다. 저는 오늘도 딸아이가 저에게 어떤 말을 건넬까 기대에 차 있답니다. 아이들의 한마디 한마디는 참으로 우아합니다. 말하기에 있어서 아이들은 어른들의 스승이라고 해도 과언이 아니지요. 세상에서 가장 우아한 말 한마디를 수집할 수 있는 비밀을 나누며 이 책을 마무리하고자 합니다.

이 책의 프롤로그에서 '제가 끝까지 도와드릴게요'라고 약속 드렸죠? 여러분의 우아한 말하기 여정에 이 책이 작은 도움이 되었길 바랍니다. 하지만 진정한 변화는 여러분 스스로의 노력으로 시작됩니다. 오늘부터 작은 변화를 만들어 보시길 바랍니다. 주변 사람에게 '우아한' 말 한마디를 건네 보는 거예요.

이제 여러분의 차례입니다. 한 걸음 내딛는 용기와 함께, 오늘부터 작은 한마디를 건네 보세요. 첫마디는 어색할지 몰라도, 그 한마디에 여러분의 인생이 바뀌는 경험을 하게 될 겁니다. 우아한 말하기는 단순한 기술이 아니라, 삶을 더욱 풍요롭게 만드는 힘입니다. 그러니 지금 이 순간, 마음속에서 가장 우아한 말을 떠올려 보세요. 그리고 그 말을 누군가에게 전해 보세요. 그 순간 당신의 말이 세상을, 그리고 당신의 하루를 바꿀 것입니다.

부록 1 ⟩ 우아한 말하기의 7가지 키워드

No.	메시지	스피치 키워드
1	긍정으로 시작하세요.	**Y**es
2	상황과 사람을 분리하세요.	**S**ituation, **E**motion, **U**rge, **M**ean
3	명확하게, 정중하게, 자연스럽게 표현하세요.	**C**lear, **A**ttitude, **N**atural
4	말의 마침표는 행동과 실천으로 마무리하세요.	**H**old, **E**thos, **L**ead by example, **P**ractice
5	비언어로 환대하세요.	**G**esture, **R**oom, **O**utfit, **W**elcome
6	충분히 긴장하되 티 내지 마세요.	**A**rouse, **B**reathe, **C**over
7	나를 이해하고 할 말을 구성한 뒤 전달법을 내재화하세요.	**M**e, **O**pinion, **D**elivery, **E**mbodiment

우아한 말하기 5원칙 'YES, SEUM, CAN, HELP, GROW'를 잊지 마세요. 여기에 스피치 실력을 한 단계 더 높여 줄 키워드는 바로 'ABC, MODE'입니다. 불안과 긴장을 잘 관리하는 ABC, 나를 이해하고 메시지를 논리적으로 구성하여 전달하는 MODE를 내재화하세요. 그러면 당신은 우아하게 말할 수 있습니다.

나의 가치를 높이는 우아한 대화법

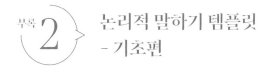

논리적 말하기 템플릿
– 기초편

3분 만에 논리적인 스크립트를 만들 수 있는 템플릿을 소개합니다. 먼저 템플릿 속에 숨겨진 '3의 법칙'을 알려 드릴게요.

3의 법칙

첫째, 논리적 말하기의 기본 구조는 3단락입니다. 서론과 본론, 그리고 결론. 너무나 당연한 이 3단 구조를 깜빡 잊는 경우가 많습니다. 일단 자신이 하고 싶은 말의 소개, 핵심 메시지 그리고 결론으로 구성된 3단 구조를 확실하게 익혀야 합니다. 3단 구조에 익숙해져야 본론을 조금 더 구체적으로 풀어 가는 4단락, 5단락 구조도 한결 쉬워집니다.

논리적 말하기의 기본 구조	
Opening	핵심 메시지를 전달하기 위한 소개
Body	핵심 메시지
Conclusion	결론

둘째, 3 : 1의 비율을 기억하세요. 논리적인 말하기를 위해

서는 객관적인 정보를 많이 인용해야 합니다. 그렇다고 해서 자신만의 생각이 빠져 있으면 안 되겠죠. 객관적 사실과 주관적 의견의 비율을 3 : 1로 유지해 주세요. 객관적인 근거를 부여해서 설득력을 높이는 동시에 내 의견의 초점이 흐려지지 않는 이상적인 비율입니다.

셋째, 논리적 말하기를 할 때 유의해야 할 3가지가 있습니다. 1) 자세히 말하기, 2) 많이 말하기, 3) 모든 걸 말하기입니다. 노파심에 말씀드리면 3가지 모두를 꼭 해야 한다는 것은 아닙니다. 오히려 그 반대입니다. 한 번에 모든 걸 전부 자세하게 말하지 않아도 문제없습니다. 우리는 상대와 충분히 소통하고자 하는 것이니까요. 상대의 질문과 의견을 충분히 듣고 다시 말을 이어 나가면 됩니다. 너무 조급해하지 마세요.

햄버거 구조 ① A-B-A+

논리적 말하기 템플릿의 가장 기초가 되는 것이 바로 햄버거 구조입니다. 모두 알다시피 햄버거는 위아래에 번이 있고, 중간에 다양한 재료가 들어가는 구성이죠. 논리적 말하기의 구조 역시 이와 같습니다. 핵심 메시지를 중심으로 앞뒤에 보강하는 내용을 넣는 수미상관 구조입니다.

나의 가치를 높이는 우아한 대화법

햄버거 구조	
A	주제(핵심 메시지), 하고 싶은 말
B	주제에 관한 근거, 예시 등
A+	핵심 메시지 보강(재차 강조할 수 있는 짧은 문장 덧붙이기)

위와 같이 먼저 주제를 이야기하고, 주제에 대한 근거 또는 예시를 든 다음 다시 주제를 강조하는 구성입니다. 일반적으로 A-B-A 형태를 이야기하는데, 저는 A-B-A+라고 칭하며, 마무리를 더 강조합니다. 생각보다 많은 분들이 A, 즉 핵심 메시지를 던지는 것에 집중하다 보니 관련된 근거나 예시를 드는 것까지는 잘해 내는데, 마무리가 흐지부지되는 경우가 많습니다. 꼭 마지막까지 다시 한 번 힘을 주어 끝맺음을 해주세요.

햄버거 구조는 자신이 하고 싶은 말을 가장 효과적으로 전달할 수 있는 구조입니다. 주장을 제시하고 그에 대한 근거를 대고 다시 한 번 주장으로 돌아와 마무리하기 때문에 무슨 말을 하려는 것인지 듣는 사람들이 확실하게 이해할 수 있죠.

햄버거 구조 ② C-P-C(Conclusion - Point - Conclusion)

CPC는 제가 조직생활을 하면서 자체 개발한 구조입니다. 결론과 결론의 근거만을 제시하는 스피치의 한계점을 보완하기 위한 것이죠. 회사에서 보고를 하거나 내가 원하는 것을 상대에게 설득할 때 매우 유용한 기법이니 꼭 활용해 보시기 바랍니다.

먼저 결론을 제시하되, 상대방의 마음을 움직일 수 있는 핵심적인 근거를 우선순위에 따라 제시하고 다시 한 번 결론을 강조하는 구조입니다.

Conclusion	결론
Point	결론의 핵심적인 근거
Conclusion	결론 강조

예시)

"지수야, 좋은 사람 소개해 줄까? 너에게 소개해 주고 싶은 사람이 있어."(Conclusion)

"그 친구랑 너랑 성격이 정말 잘 맞을 것 같아. 취미도 비슷하고."(Point)

"너랑 그 친구랑 만나면 정말 잘 어울릴 것 같은데, 어때? 연락처 줄까?"(Conclusion)

CPC 템플릿의 장점은 Point를 늘려 내용을 확장할 수 있다는 겁니다. 말 그대로 결론의 근거를 확장하는 것이죠. 위 예시에서 결론은 '너에게 소개해 주고 싶은 사람이 있다'입니다. 이 결론의 근거로 성격 '측면'이 잘 맞을 것 같아서, 취미 '부분'

이 비슷해서, 서로 거주지가 가깝다는 '점'으로 확장할 수 있습니다. Point를 늘려서 말하고 싶은데 말이 꼬인다면, 불필요한 중복을 만들지 않으면서 자연스럽게 스피치를 확장하는 마법의 단어 '측면' '부분' '점'을 활용해 보세요. 논리적으로 보이면서 중복을 예방하는 효과가 있습니다.

햄버거 구조 ③ P-R-E-P(Point - Reason - Example - Point)

햄버거 구조가 익숙해졌다면, 이것을 확장해 4단 구조로 응용해 보세요. 수미상관의 구조대로 처음과 끝은 역시 핵심적인 메시지를 그대로 전달하되, 중간에 근거와 예시를 넣는 구성입니다.

Point	핵심 메시지
Reason	근거
Example	근거에 대한 예시
Point	핵심 메시지

[참고] 서론 - 본론 - 결론 구조

서론 - 본론 - 결론 구조를 설명할 때, 종종 듣는 질문이 있습니다. 결론을 먼저 이야기하는 것이 좋지 않냐는 겁니다. 많은 스피치 관련 서적에서는 하고 싶은 말을 먼저 하는 두괄식 스피치를 강조합니다. 이 경우 '하고 싶은 말 - 그에 대한 근거 - 하고 싶은 말의 요약 및 강조'와 같은 3단 구조가 형성됩니다. 여기서 논점은 진짜 하고 싶은 말을 나중에 하는 것이 나은지, 아니면 시작할 때 하는 것이 나은지인데, 사실 어느 방법이 옳다고 말하기 어렵습니다. 스피치의 구조는 상황에 따라, 듣는 사람에 따라 유연하게 바뀌어야 합니다. 보고를 해야 하는 상사에게는 두괄식 스피치가 좋을 것입니다. 그러나 충분한 여유시간과 에너지를 들여 강연을 듣는 청중에게는 미괄식 스피치가 또 다른 감동을 줄 수 있습니다. 상황에 맞춰 유연하게 3단 구조를 구성하는 것이 중요합니다.

나의 가치를 높이는 우아한 대화법

부록 3

논리적 말하기 템플릿
– 기본편

논리적 말하기 템플릿 기본편 역시 3단 구조입니다. 다만 부록 2에서 살펴본 햄버거 구조처럼 처음과 끝이 같지는 않습니다. 상황에 맞는 메시지를 간결하게 전달하기 위해 필수적인 구성요소를 도출하여 3단 구조로 만든 것입니다. 상황과 맥락에 맞게 선택해서 활용하기 바랍니다.

C/P-R-M(Conclusion with Purpose - Reason - Method)

C/PRM은 기업 강의에서 늘 호응이 좋은 기법입니다. 급작스럽게 결론을 먼저 제시하는 것이 아니라, 목적을 담은 결론을 먼저 말한 다음 그 이유와 이행할 방법을 차례대로 제시하는 구성입니다.

Conclusion with Purpose	목적을 담은 결론
Reason	근거
Method	방법

예시)

"팀장님, 수익구조 개선을 위해 새로운 공급협력 계약을 체결할 필요가 있습니다."(Conclusion with Purpose)

"전년 대비 매출액이 35% 하락한 상태이고, 이대로 계속되면 경쟁사에게 주요 고객층을 빼앗길 위험이 있습니다."(Reason)

"리스크를 줄이기 위한 방안으로 가용예산 내에서 2곳 정도만 공급계약을 추가한다면 공급에 보탬이 될 것 같습니다. 확인해 주시면 업체 리스트 보고드리겠습니다."(Method)

사실 어떻게 보면 굉장히 단순한 템플릿입니다. 결론을 제시하고, 결론에 대한 근거, 결론대로 이행할 방법을 제시하는 것이죠. 그런데 핵심은 처음에 결론을 제시할 때 목적을 함께 이야기하는 것입니다. 목적이 없는 결론은 자칫 듣는 사람의 입장을 고려하지 않는 것처럼 들릴 수 있습니다. 나와 너, 우리의 공통된 이익이 무엇인지를 담아 이야기하면 훨씬 더 강력한 메시지가 만들어집니다.

S-E-V(Strength - Experience - Vision)

SEV는 자신의 강점과 그것을 발휘한 경험, 그리고 이를 바탕으로 펼치고 싶은 나의 비전을 이야기하는 스피치 구조입니다. SEV 스피치는 중요한 순간에 나의 강점을 효과적으로 전달해야 할 때 큰 도움이 됩니다. 이때 많은 강점을 나열하기보다는 한두 가지 강점을 깊이 있게 이야기하는 것이 상대방의 기억에 더 오래 남습니다.

Strength	강점
Experience	강점을 발휘한 경험
Vision	강점을 토대로 한 나의 비전

E-O-B(Example - Outline - Benefit)

EOB는 '이야기'를 통해 상대를 설득하는 스피치 구조입니다. 여기서 Example은 단순한 예시가 아니라 구체적인 사례, 즉 이야기를 의미합니다. 흔히 말하는 스토리텔링이죠. 그런데 EOB 구조의 핵심은 사실 Outline에 있습니다. 즉, 먼저 제시한 이야기의 요점을 확실하게 짚어 주는 것이죠. 이야기를 전달하는 데 치중하다 보면 요점이 오히려 흐려지는 경우가 있습니다. 따라서 마지막에 상대를 설득하기 위해 반드시 언급해야 하는 것, 즉 상대에게 어떤 이득이 있는지를 덧붙이는 것으로 끝맺으면 됩니다.

Example	이야기
Outline	요점 정리
Benefit	이 이야기를 통해 상대가 느끼길 바라는 이점

예시)

"제가 가르쳤던 학생 중 인상 깊었던 친구가 있었어요. 그 친구는 취업 면접을 준비하면서 원하는 기업의 서류 전형에 합격하자마자 2주 동안 매일매일 새로운 면접 스터디 그룹을 찾아다니며 낯선 사람들 앞에서 면접 연습을 했어요. 그저 익숙한 환경 속에서 익숙한 노력을 반복하는 것이 아니라, 의도적으로 익숙하지 않은 환경에 자신을 노출하면서 필사적으로 노력한 것이죠. 결국 원하는 회사에 합격했답니다."(Example)

"이 사례의 핵심은 익숙한 환경에서 벗어나 낯선 사람들 앞에서 면접 연습을 했다는 것입니다. 편안한 환경에서 연습하는 대신, 불편한 상황에 자신을 의도적으로 노출시키며 성장을 추구한 것이 성공의 열쇠였습니다."(Outline)

"여러분도 익숙한 환경에 머무르지 말고, 의식적으로 익숙한 곳을 벗어나 노력할 때 더욱 빠르게 성장하고 탁월한 성과를 낼 수 있습니다."(Benefit)

나의 가치를 높이는 우아한 대화법

끌리는 사람들의 대화 템플릿

부록 4

대화를 하다 보면 점점 빠져들게 되는 사람이 있습니다. 저절로 속마음까지 터놓게 되는, 참 편안하게 느껴지는 사람들이 있지요. 이번에는 그런 사람이 될 수 있도록 대화의 매력을 극대화하는 템플릿을 소개합니다.

C-Y-O(Closed Question - Yes - Open Question)

열린 질문과 닫힌 질문이라는 개념은 많이 들어 보았을 겁니다. 열린 질문은 "이 영화가 재미있는 이유는 뭘까요?"와 같이 다양한 대답을 할 수 있는 질문입니다. 반면 닫힌 질문은 말 그대로 대답이 제한적인 질문입니다. "이 영화의 흥행 요인은 배우인가요, 감독인가요?"와 같은 것이죠. 보통은 상대의 다양한 반응을 이끌어 낼 수 있는 열린 질문이 권장됩니다. 그런데 닫힌 질문을 적절히 활용하면 열린 질문의 효과를 배가할 수 있습니다.

여기서 핵심은 '예'라는 답이 예상되는 닫힌 질문을 먼저 던지는 겁니다. 닫힌 질문을 던져서 '예'라는 답을 얻고, 그에 대해 더 깊은 대화로 이어질 수 있는 열린 질문을 던지면 효과는 더욱 커집니다.

Closed Question	(Yes가 예상되는) 닫힌 질문
Yes	* 나의 답이 아닌, 상대방의 Yes!
Open Question	해당 주제를 더 깊이 탐구할 수 있는 열린 질문

C-O2-B-M(Closed Question - Open Question - Open Question - Bridge - My Story)

CO2BM은 티키타카가 잘 이루어지게 만드는 질문의 기술입니다. 조금 이름이 어렵지요? 그렇지만 효과는 정말 강력합니다. 티키타카를 할 때 가장 중요한 것은 서로의 속도에 발을 맞추는 겁니다. 이때 너무 급작스러운 질문을 던지는 것은 금물입니다. 먼저 닫힌 질문을 던진 뒤, 열린 질문을 연달아 던지면서 차근차근 관심사를 탐색해 보세요. 적당한 순간, 즉 나와 연결 지을 수 있는 소재가 발견된 순간 자연스럽게 전환해서 나의 이야기를 공유해 보세요. 티키타카, 결코 어렵지 않습니다.

Closed Question	상대방의 관심을 끌 수 있는 닫힌 질문

Open Question	상대방의 답변을 확장하고 탐구하는 열린 질문
Open Question	깊이 있는 대화를 위한 정보를 물어보는 열린 질문
Bridge	대화의 흐름을 자연스럽게 전환하는 중간 다리 질문
My Story	자신의 이야기 공유

예시)

"최근에 가장 인상 깊었던 일이 있었나요?"(Closed Question)

"정말 흥미롭군요. 그 일은 구체적으로 어떻게 진행되었나요?"(Open Question)

"그 경험을 통해 어떤 점을 배웠나요?"(Open Question)

"그렇다면, 그 경험이 이후의 선택에 어떤 영향을 미쳤나요?"(Bridge)

"저도 비슷한 경험이 있었는데, 그때 저는 이렇게 했습니다."(My Story)

호감을 주는 4A 스피치

부록의 여러 스피치 템플릿 중 단 하나만 추천해야 한다면, 저는 4A 스피치를 고르고 싶어요. 끌리게 말하는 사람, 대화를 하면 할수록 호감이 가는 사람의 말하기에는 다음 4가지 공통점이 있습니다.

Acknowledge(인정)	상대방의 말이나 행동을 인정하고 존중하기
Affirm(공감)	상대방의 감정에 공감하고 이해했음을 표현하기
Applaud(칭찬)	상대방의 장점이나 성과를 칭찬하기
Appreciate(감사)	상대방의 행동이나 말에 감사함을 표현하기

예시)

"당신의 의견에 동의합니다. 정말 중요한 포인트네요."(Acknowledge)

"그 상황에서 정말 힘드셨겠어요. 저도 그런 경험이 있어요."(Affirm)

"정말 잘해 내셨어요! 그 점이 매우 인상적이네요."(Applaud)

"도움을 주셔서 정말 감사합니다. 덕분에 큰 도움이 되었어요."(Appreciate)

인정과 공감, 칭찬 그리고 감사. 이것들은 솔직히 특별한 템플릿이 필요 없습니다. 그저 있는 그대로 내가 느끼는 것을 진솔하게 전달하면 됩니다. 상대를 인정해 주고, 공감해 주고, 칭찬하고, 무엇보다 감사한 마음을 표현하면 됩니다. 그것만으로 당신은 충분히 끌리는 사람이 됩니다.

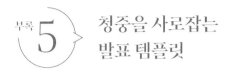

부록 5 청중을 사로잡는
발표 템플릿

5D(Define - Discuss - Dive - Direct- Deliver)

5D는 발표를 할 때 가장 일반적으로 쓸 수 있는 기법입니다. 주제를 정의한 다음 관련된 배경 정보를 제공하고, 핵심 메시지로 유도한 다음 청중에게 특정한 방향이나 행동을 제시하는 구성입니다.

Define (정의하기)	목적	주제를 정의하고 배경 정보를 제공하여 청중의 관심을 끌기
	예시	"오늘은 효과적인 커뮤니케이션 방법에 대해 이야기해 보겠습니다."
Discuss (논의하기)	목적	주제에 대한 기본적인 논의를 통해 청중의 이해를 도모하기
	예시	"대화에서 중요한 요소는 무엇일까요? 몇 가지를 짚어 보겠습니다."
Dive (깊이 들어가기)	목적	주제에 대해 깊이 있는 분석이나 사례를 들면서 설명하기
	예시	"이제 구체적인 사례를 통해 이 방법이 어떻게 작동하는지 알아보겠습니다."

Direct (방향 제시하기)	목적	청중이 따라야 할 행동이나 방향을 제시하기
	예시	"이러한 원칙을 일상 대화에 어떻게 적용할 수 있는지 이야기해 보겠습니다."
Deliver (결론 및 요약)	목적	핵심 요점을 요약하고 결론을 제시하여 메시지를 마무리하기
	예시	"오늘 배운 내용을 요약하면, 효과적인 커뮤니케이션을 위해서는 …"

A-P-S-A(Attention - Problem - Solution - Action)

APSA 기법은 앞선 5D와 유사하지만 조금 더 일상적으로 활용할 수 있습니다. 우선 청중의 관심을 끄는 것으로 시작합니다. 그다음 문제와 해결책을 제시하고, 이를 위한 행동을 촉구하는 구성입니다.

Attention (관심 끌기)	목적	청중의 흥미를 끌기
	예시	"여러분, 알고 계신가요? 매일 10분만 투자해도 인생이 바뀔 수 있습니다."
Problem (문제 제시)	목적	현재의 문제를 명확히 제시하기
	예시	"하지만 많은 사람들이 시간관리를 제대로 하지 못해 어려움을 겪고 있습니다."
Solution (해결책 제시)	목적	문제에 대한 해결책을 제시하기
	예시	"이 문제를 해결하기 위해, 3가지 간단한 방법을 추천합니다."

나의 가치를 높이는 우아한 대화법

| Action
(행동 촉구) | 목적 | 청중에게 행동을 촉구하기 |
| | 예시 | "오늘부터 이 방법을 실천해 보세요. 여러분의 삶이
분명히 달라질 것입니다." |

Q-S-I(Question - Story - Information)

QSI는 스피치를 시작할 때 사용하기 좋은 구조입니다. 질문을 먼저 던진 다음 이와 관련된 이야기를 풀어 갑니다. 그리고 마지막에 정보를 전달하는 구성입니다. 특정한 정보를 청중에게 전달해야 할 때 매우 유용합니다.

Question	주의를 끌 수 있는 질문
Story	흥미를 유발할 수 있는 이야기
Information	전달하고 싶은 정보

I-S-T(Idea - Suggest - Thank)

IST는 스피치를 마무리할 때 사용할 수 있는 구조입니다. 우선 어떤 생각이나 아이디어를 던진 다음, 그 아이디어에 영감을 받아 해볼 만한 행동을 제안합니다. 그리고 스피치를 들어준 것에 대한 감사를 표현하는 것으로 끝마칩니다.

Idea	흥미로운 아이디어
Suggest	아이디어에 영감을 받은 행동 제안
Thank	감사 표현

QSI와 IST는 개별적으로 사용해도 매우 효과적인 템플릿이지만, 이 두 템플릿을 하나로 묶어서 활용하면 그 효과는 더욱 커집니다. 명확하게 전달하고 싶은 메시지가 있을 때 QSI로 오프닝, IST로 클로징을 하는 구조입니다. 다음의 QSI 오프닝 - 메시지 - IST 클로징 워크시트를 활용해 보세요.

OBC 스피치 (키워드만 작성 후 스피치를 연습해 보세요)

오프닝(QSI)

메시지 1	메시지 2	메시지 3
소재	소재	소재

클로징(IST)

L-T-S(Look - Turn - Speak)

LTS는 엄밀히 말하면 스피치 구조가 아닙니다. 다만, 발표에 매우 유익한 오프닝 기법으로 꼭 소개하고 싶네요. 발표를 시작하면 우선 청중을 한번 돌아보세요. 그다음에 몸을 돌리고, 말하기를 시작하세요. 청중을 돌아보며 몸을 움직이는 간단한 행동만으로 청중의 시선을 확 잡아끌 수 있습니다.

발표 관련 Tip

자세	기본적으로 몸을 웅크리는 폐쇄적인 동작은 자신감이 떨어져 보입니다. 견갑골을 아래로 모아 내리는 듯한 느낌으로 자세를 잡아 보세요. 몸이 저절로 펴질 겁니다.
몸짓	이것만 기억해 두세요. 어떤 몸짓을 한 다음에는 잠시 멈춰 주세요. 몸짓을 하고 바로 정자세로 돌아오면 어수선해 보입니다. 특정한 동작을 준비했다면 크게 하는 것이 좋습니다. 소심한 동작은 대개 역효과를 불러일으킵니다. 반드시 기억해야 할 것은 손가락으로 청중을 가리키지 말아야 한다는 것입니다. 손바닥을 보이는 것은 신뢰의 의미로 받아들여지지만 손가락으로 가리키는 것은 지적하는 것으로 보입니다.
시선 처리	발표 상황에서 시선 처리는 매우 중요합니다. 7:3 법칙을 기억해 두세요. 절대 특정 사람을 100% 뚫어지게 쳐다보지 않도록 주의하세요. 70% 응시하되, 30%는 그 언저리에 시선을 둡니다. 또한 너무 자주 시선을 옮기면 불안해 보이니, 한 문장을 말할 때 한 사람에게만 시선을 고정하는 정도가 적당합니다.

똑똑하고 매력 있게 상대를 사로잡는 말하기 스킬

나의 가치를 높이는 우아한 대화법

초판 1쇄 발행 2024년 10월 20일
초판 2쇄 발행 2024년 10월 25일

지은이 김지윤
펴낸이 백광옥
펴낸곳 ㈜천그루숲
등 록 2016년 8월 24일 제2016-000049호

주소 (06990) 서울시 동작구 동작대로29길 119
전화 0507-0177-7438 **팩스** 050-4022-0784 **카카오톡** 천그루숲
이메일 ilove784@gmail.com

기획 / 마케팅 백지수
인쇄 예림인쇄 **제책** 예림바인딩

ISBN 979-11-93000-55-7 (13320) 종이책
ISBN 979-11-93000-56-4 (15320) 전자책